ज्योतिष वास्तु और जीवन

महिपत सिंह राठौड़

भारत में मुद्रित

IndiePress

ISBN: 978-93-7197-606-0

प्रथम संस्करण, २०२५

इंडीप्रेस

नसादिया टेक्नोलॉजीज़ प्राइवेट लिमिटेड का एक प्रभाग

कोरमंगला, बैंगलोर

कर्नाटका - ५६००२९

http://indiepress.in/

संपादन: गीतांजलि परगनिहा

प्रारूपण: एम ए पी सिस्टम, बेंगलुरु

बुक कवर डिज़ाइन: निखिल कमठ

पब्लिशिंग कंसलटेंट : सौविक भट्टाचार्जी

महत्वपूर्ण सूचना

लेखक कोई पेशेवर ज्योतिषी या वास्तु शास्त्री नहीं है, लेखक द्वारा इस पुस्तक मे बताई गई बाते उनकी रुचि अनुसार वास्तु और ज्योतिष की जरूरी बातो को आम पाठकों तक ज्ञान के रूप मे पहुचने की एक कोशिश है हालांकि इस पुस्तक मे दी गई जानकारी विश्वसनीय स्रोतों से एकत्रित की गई है फिर भी किसी विशेष उपायों को अमल मे लाने से पहले किसी विश्वसनीय ज्योतिशचार्य या वास्तुशास्त्री से एक बार सलाह आवश्य ले क्युकी कभी–कभी विशेष स्थितियों मे इनका परिणाम प्रत्येक व्यक्ति विशेष की कुंडली,ग्रह या भवन निर्माण के अनुसार काफी अलग–अलग हो सकते है।

विषय–सूची

मस्तक-रेखा

हस्त रेखा की तरह मस्तक रेखा भी ज्योतिष का महत्वपूर्ण भाग है जिससे हम किसी भी व्यक्ति की जीवनशैली और भविष्य के बारे में काफी कुछ जान सकते है। मस्तक रेखाओ में मुख्यतः पाँच रेखाए पाई जाती है जिनसे हम कुछ निम्न प्रकार की जानकारी प्राप्त कर सकते है:

- **पहली रेखा** – आँखों के भोरो के ऊपर– धन की रेखा **होती है**
- **दूसरी रेखा** – सेहत की रेखा होती है
- **तीसरी रेखा** – भाग्य या किस्मत की रेखा **होती है**
- **चौथी रेखा** – उत्तार–चढ़ाव की रेखा **होती है**
- **पाँचवी रेखा**– सब ठीक रहने पर भी चिंता होने की रेखा **कहा जाता है**
- **तिलक रेखा** – नाक से सीधे माथे की ओर, तिलक जैसी रेखा– दैवीय रेखा, अति भाग्यवान लागों के मस्तक पर पाई जाती है, जो छोटे से घर मे जन्म लेते हैं और बड़ी जल्दी बहुत ऊँचाई तक पहुँच जाते हैं। जिन्हें हर कदम पर ईश्वर की कृपा महसुस होती है, ऐसे लागे अचानक जन्म लेते हैं और अचानक चले जाते हैं।

ऊपरोक्त पाँच रेखा जितनी साफ होती है, उतनी धन, सेहत, भाग्य की स्थिति अच्छी होती है और कटी होने पर समस्या होती रहती है।

उतार–चढ़ाव की रेखा होने पर व्यक्ति 28 से 40 वर्ष की उम्र तक काफी समस्याओं का सामना करता है और 40 वर्ष की उम्र के बाद बहुत तरक्की करता है और काफी धन और संपत्ति अर्जित करता है। मस्तक की अशुभ रेखाओं को खत्म करने के लिए लाल चंदन या रोली की तीन रेखा स्नान और पूजा के बाद बनाए। इससे भाग्य या किस्मत (लक) अच्छा रहता है और शिवजी की कृपा रहती है, जिससे अशुभ तत्व खत्म होता है और भाग्योदय होता है। इसके अलावा एक सीधा लाल तिलक भी लगा सकते है।

नवजात शिशु का माता-पिता से किस्मत कनेक्शन

1. **चंद्रमा**– चंद्रमा का संबंध सीधे माँ से होता है। अगर चंद्रमा कमज़ोर हो तो 8 साल तक बच्चे का स्वास्थ्य खराब रहता है और माँ का भी। भविष्य में बच्चे का संबंध भी माता से खराब रहता है। माता को पूर्णिमा का व्रत रखना चाहिए। रात को सोने से पहले माता को 108 बार **'ओम सोम सोमाय नमः'** का जाप करना चाहिए। चाँदी का चंद्रमा बच्चे के गले में पहनाना चाहिए, इससे माँ के स्वास्थ्य पर असर नहीं पड़ेगा।

2. **सूर्य**– बच्चे की कुंडली में सूर्य का संबंध पिता से जुड़ा होता है। अगर बच्चे का सूर्य कमज़ोर है तो बच्चे की आँखें कमज़ोर होगी, नाम व यश पाने में दिक्कत होगी और पिता का स्वास्थ्य और आर्थिक स्थिति कमज़ोर होगी, पिता और पुत्र के विचार में मतभेद और दूरी होगी। पिता को नियमित रुप से सूर्य को जल चढाना चाहिए। अगर बच्चा बड़ा हो तो पिता और पुत्र दोनों को गायत्री मंत्र का जाप करना चाहिए। लाल रंग के फूल वाले पौधे घर में लगाने चाहिए।

3. **गुरु चांडाल योग**– गुरु और राहु का योग अगर बच्चे की कुंडली में हो तो घर की आर्थिक स्थिति खराब होती जाती है। ऐसे में बच्चे का आचरण शुरु से अच्छा रखने की कोशिश करे। ऐसे मे बच्चे के माता या पिता विश्णु सहस्त्रनाम का पाठ करे।

4. **शनि और राहु योग**– शनि और राहु का योग बच्चे की कुंडली में हो तो माँ–बाप जल्द ही परिवार से अलग हो जाते हैं। ऐसे में घर के मुख्य द्वार पर शमी का पौधा लगाए और माता या पिता सुंदरकांड का पाठ करें।

5. **सूर्य और शनि योग**– सूर्य और शनि का योग अगर बच्चे की कुंडली में हो तो पिता और बच्चे में दूरी बनी रहती है क्योंकि सूर्य और शनि मे भी पिता और पुत्र होने के पश्चात उनमें घनिश्ठ शत्रुता है। ऐसे मे शनि की शांति करानी चाहिए और जिस घर में सूर्य की ज़्यादा–से–ज़्यादा रोशनी आती हो, वहाँ रहना चाहिए क्योंकि अँधेरे में शनि का प्रकोप बढ़ता जाता है और रोशनी में सूर्य का।

ऊपरोक्त तीनों ही योग में माता–पिता अगर किसी सार्वजनिक स्थान पर पीपल का पौधा लगाए तो यह तीनो योग भंग हो जाते हैं।

शनि की साढ़ेसाती और ढैया

❖ **शनिवार को हनुमान जी के दर्शन करने से शनि के कारण हुए रोगों से मुक्ति मिलती है।**

शनि हर राशि पर भ्रमण के दौरान एक विशेश प्रभाव डालता है, जब यह प्रभाव किसी राशि के ऊपर शनि की विशेश स्थितियों के कारण पड़ता है तो इसको साढ़ेसाती कहते है।

शनि जब भी किसी राशि के बारहवें स्थान में रहता है या दूसरे भाव में रहता है तो साढ़ेसाती चलने लगती है।

शनि एक राशि मे ढाई साल तक रहता है और एक साथ तीन बार किसी राशि को प्रभावित करता है। ढाई–ढाई वर्षों का तीन चरण साढ़े सात साल तक साढ़ेसाती के रुप में चलता है। राशियों पर भ्रमण के दौरान जब शनि किसी राशि के चौथें या आठवें भाव में आता है तो इसे शनि की ढैया कहते है। ये शनि के एक राशि पर भ्रमण के दौरान ही रहती है इसलिए इसको ढैया कहा जाता है।

लागों का यह मानना है कि यह हमेशा अशुभ फल ही देती है, ऐसा बिल्कुल भी ज़रूरी नहीं है। सबसे पहले आपकी व्यक्तिगत दशा देखी जाती है, इसके बाद कुंडली में शनि की स्थिति देखी जाती है। इसके बाद ही पता चल सकता है कि शनि की साढ़ेसाती या ढैया का फल बुरा होगा या अच्छा होगा।

शनि अच्छा होने पर साढ़ेसाती अच्छे परिणाम देती है और शनि प्रतिकुल होने पर साढ़ेसाती या ढैया में परेशानी आती है। साढ़ेसाती या ढैया शुरु होने पर लाभकारी होती है और खत्म होने पर परेशानी देती है। अगर ये शुभ परिणाम दे तो करियर में सफलता मिलती है, आकस्मिक रुप से धन और उच्च पद मिल जाता है। साढ़ेसाती या ढैया में स्थान परिवर्तन लाभ देता है। व्यक्ति को विदेश से लाभ होता है और विदेश जाने के योग बन जाते हैं।

अगर अशुभ परिणाम हो तो रोजगार के रास्ते बंद हो जाते हैं और सेहत बिगड़ जाती है। कभी–कभी दुर्घटनाओं और अपयश की स्थिति आ जाती है। साढ़ेसाती सबसे अधिक मानसिक स्थिति पर नकारात्मक असर डालती है।

तुला, मकर और कुंभ राशि पर शनि की साढ़ेसाती और ढैया का अधिक प्रभाव नही पड़ता है।

शनि की साढ़ेसाती और ढैया के अशुभ प्रभावों से बचने के लिए शनिवार को पीपल के नीचे सरसों के तेल का दीपक जलाए, रोज शाम को **ऊँ शं शनेश्चराय नमः** का जाप करे।

अगर कष्ट अधिक हो तो शनिवार को छाया दान भी करे। भोजन में सरसों का तेल, काले चने और गुड़ का प्रयोग करे। अपना आचरण और व्यवहार अच्छा बनाए, लाभ होगा।

❖ **जब सूर्य का रंग लाल होता है, उस समय उसके दर्शन करना सबसे लाभकारी होता है, इससे भाग्योदय होता है।**

❖ **पहाड़ी गोल–चिकना पत्थर जिस पर घरिया हो लाकर अपने घर में बालु रेत में रखे और उस पर रोज जल चढ़ाए इससे घर में आने वाली हर मुश्किल पहले ही टल जाएगी और हमेशा सुख–शांति रहेगी क्योंकि ऐसा पत्थर शिवलिगं का रुप होता है और ऐसा करने से शिवजी की कृपा बनी रहती है।**

नारियल के ज्योतिष उपाय

- शनिवार को पानी वाला नारियल लेकर नदी के पास खड़े होकर नौ बार सर से पैर तक घुमा कर दोनों हाथों से बहाकर प्रार्थना करें कि जिन भी ग्रहों की वजह से जीवन में बाधाएँ आ रही हैं, वह सब इस नारियल के साथ बह जाए, धीरे-धीरे भाग्य में सुधार होगा।

- हर मंगलवार को एक लाल फूल और पानी वाला नारियल दुर्गा माँ को अर्पित करे, 108 बार 'ऊँ दुं दुर्गाय नमः' का जाप करे, फिर एक बार में इस नारियल को तोड़ें और गिरी का पहला टुकड़ा खुद खाए, पेट और हृदय के रोगों से तीन हफ्ते में राहत मिलेगी।

- सोमवार को नारियल तोड़कर उसका पानी शिवलिंग पर चढ़ाएँ और एक टुकड़े में धुपबत्ती जलाकर शिवजी की आरती करे और धन संबंधी समस्या दूर होने की प्रार्थना करे इससे धन की कमी दूर होती है। सावन के किसी भी सोमवार से शुरू कर सकते है। ज़्यादातर 3 सोमवार में इच्छा पूर्ण हो जाती है।

- एक हरा नारियल पानी वाला शनिवार को नदी किनारे गादे में रखकर 'ऊँ रां राहुवे नमः' का जाप करके नारियल को नदी में बहाने से राहु शांत हो जाता है।

कुंडली के राजयोग

राजयोग एक विशेष प्रकार की शुभ गृह स्थिति होती है जो कुछ ग्रहों के एक साथ या किसी गृह के विशेष समय पर किसी कुंडली के किसी विशेष भाव में स्थित होने से बनता है, ऐसे योग किसी भी व्यक्ति की कुंडली में बनने पर अति शुभ फल प्रदान करते है, ऐसे योग बहुत ही मुश्किल से किसी कुंडली में देखे और पाए जाते है, कुछ विशेष राजयोग और उनका महत्व कुछ इस प्रकार होता है:

1. **गजकेसरी योग**– सबसे बड़ा और सबसे शुभ योग होता है। जब चंद्रमा और ब्रहस्पति केन्द्र में आ जाता है तब बनता है।

   माँ–बाप बड़े बुजुर्गों का सम्मान करे वरना योग का लाभ नहीं होता।

2. **बुधादित्य योग** – सूर्य और बुध साथ होने से बनता है। लग्न के चौथे, नवे या केन्द्र में सूर्य और बुध एक साथ होने पर बनता है ।

3. **पंचमहापुरुष योग** – 5 मुख्य ग्रहों से बनता है।

   (क) **मंगल से → रुचक योग →** यह योग बनने से आत्मविश्वास और साहस में वृद्धि होती है।

   (ख) **बुध से → भद्र योग →** यह योग तीव्र बुद्धि प्रदान करता है और व्यवसाय में सफलता मिलती है।

   (ग) **बृहस्पति से → हंस योग →** धार्मिक, ज्ञानी और अतिसम्मानित बनाता है।

   (घ) **शुक्र से → मालव्य योग →** आर्थिक समपन्नता और भोग–विलास दिलाता है।

   (ङ) **शनि से → शश योग →** भौतिक जीवन और करियर में सफलता देता है।

❖ **ऊपरोक्त सभी योग केन्द्र और त्रिकोण में होने से बनते हैं और सभी स्थिति में मुख्य ग्रह कमज़ोर नहीं होना चाहिए।**

व्रत और उपवास का महत्त्व

- **गणेश जी की उपासना अनेक प्रकार से की जाती है। मगर गणेश जी की उपासना शिव परिवार के साथ करना सबसे उत्तम होता है। इससे परिवार में हमेशा सुख और सम्पन्नता बनी रहती है।**

एकादशी, पूर्णिमा, नवरात्री और अमावस्या सबसे मुख्य व्रत होते हैं।

दोनों नवरात्रों का व्रत करने पर कोई और व्रत करने की आवश्यकता नहीं होती, इससे सभी प्रकार के दोष दूर होते हैं और सभी इच्छा पूर्ण होती है।

नियम– व्रत दो प्रकार से किए जाते हैं। एक निर्जल, मतलब बिना पानी और फल खाए एवं दूसरा फलाहार (जलीय व्रत) मतलब जल और फल खाकर। निर्जल व्रत स्वस्थ लोगों को ही करना चाहिए। व्रत में फल और जल का सेवन करने से शरीर और मन शुद्ध होता है। व्रत हमेशा अगले दिन सूर्योदय के बाद नींबू पानी पीकर तोड़ा जाता है, उसके बाद ही कुछ अन्न खाना चाहिए।

मुख्य व्रत और उनका उपयोग

- **धन, संपत्ति और समृद्धि के लिए शुक्रवार का व्रत करे, माँ लक्ष्मी की पूजा करे। सफेद पदार्थ खाए, नमक और खट्‌टी चीज़ न खाए।**

- **मनचाहा साथी पाने के लिए सोमवार का व्रत करे, 'ऊँ नमः शिवाय' का जाप करे। महिलाएँ शिवजी और पुरुष पार्वती जी की पूजा–पाठ करे।**

- **एकादशी– एकादशी का व्रत करने से समस्त शारीरिक, आर्थिक और अध्यात्मिक इच्छा पूर्ण होती है अर्थात् सभी समस्याओं के लिए अलग व्रत करने की जगह सिर्फ एकादशी का व्रत पर्याप्त है। इसमें नमक और अनाज का सेवन न करे। सुबह–शाम विश्णु सहस्त्रनाम का पाठ करे। अगले दिन नींबू पानी पीकर जल ग्रहण करे।**

वैवाहिक जीवन में बाधा डालने वाले ग्रहों का उपाय

❖ **अगर कुंडली में बृहस्पति कमज़ोर है तो बड़े-बुजुर्गों का आदर-सम्मान और चरण स्पर्श करने से बृहस्पति मज़बूत होता है और आयु, विद्या, यश और बल की प्राप्ति होती है।**

वैवाहिक जीवन में बाधा डालने या वैवाहिक जीवन को खराब करने में मुख्यतः निम्न ग्रह जिम्मेदार होते हैः

1. **शनि**– अगर शनि का संबंध विवाह भाव या ग्रह से हो तो संबंध टूट जाता है और इसका कारण पति–पत्नि के घरवाले होते हैं। इसके लिए रोज शिवजी को जल चढ़ाए और लाहे के बर्तन में शनिवार को तेल दान करे।

2. **मंगल**– मंगल खराब होने पर विवाह 1 से 2 महिने में या जल्द ही टूट जाता है और मामला ज़्यादा हिंसात्मक हो जाता है, आपस में मारपीट और कोर्ट तक भी जल्द ही पहुँच जाता है। इससे बचने के लिए मंगलवार का उपवास करे, मंगलवार को गरीबों को मीठी चीज़ों का दान करे, लाल रंग के वस्त्र कम–से–कम प्रयोग करे।

3. **राहु और केतु**– शक की वजह से जब पति–पत्नि में दूरी हो जाए और वह बिना किसी को कारण बताए एक–दूसरे से अलग–अलग या दुसरे शहरों में रहने लगते हैं। इसके लिए भगवान विष्णु की उपासना करे, जल में कुश डालकर स्नान करे और शनिवार को मीठी चीज़े न खाए।

4. **सूर्य**– सूर्य कमज़ोर होने पर जीवनसाथी का करियर खराब रहता है और सूर्य अच्छा होने पर जीवनसाथी का करियर बहुत अच्छा रहता है और वह बहुत अधिक काम में व्यस्त रहता है। दोनों ही सूरत में रिश्तों में दरार रहती है और धीरे–धीरे रिश्ता टूट जाता है मगर यह सब 15–20 साल बाद होता है। सूर्य को रोली मिलाकर जल चढ़ाए,

तांबे का छल्ला अनामिका में पहने और गुलाबी वस्त्रों का ज़्यादा उपयोग करे।

5. **बृहस्पति** – अगर सप्तम भाव में हो तो विवाह की मुश्किलें दूर होती है और लग्न में बैठा हो तो सबसे अच्छा होता है। अगर बृहस्पति खराब हो तो विवाह में मुश्किलें आती है और विवाह हो जाए तो दामपत्य जीवन में मुश्किलें आती है खासतौर पर महिलाओ के जीवन में बृहस्पति अहम भूमिका निभाता है। जैसे विवाह न होना या होने के बाद पति के केरियर में मुश्किले आना या धन का अभाव रहना। बृहस्पतिवार का व्रत करे, हल्दी मिलाकर सूर्य को जल चढ़ाए।

6. **शुक्र** – शुक्र खराब होने पर वैवाहिक जीवन भी खराब हो जाता है, ऐसी स्थिति में या तो विवाह होता नहीं या हो जाता है तो विवाह टूट जाता है। ऐसे में शुक्रवार को शिव जी की उपासना करे और सफेद फूल अर्पित करे।

❖ **अगर ऑफिस में बॉस को खुश रखना हो तो मिसरी और सौंफ खाकर निकले, घर से निकलते समय पहले सीधा पैर बाहर रखे और कहे, 'जय गणेश काटो कलेश'।**

दुश्मनों से बचने या उन्हें दोस्त बनाने के उपाय

1. **मेश राशि** – आमतौर पर इनके शत्रु नहीं होते या धन के लने–देन की वजह से होते हैं। धन का लेन–देन करते समय पूरी लिखा–पढ़ी करलें। बुधवार को गणेश जी को दूर्वा (दूब) अर्पित करे।

2. **वृषभ राशि** – इनके शत्रु ज़्यादा होते हैं और ये वाणी और जिद्द करने की वजह से बनते हैं। शिवजी को रोज सुबह या कम से कम शुक्रवार को इत्र अर्पित करे।

3. **मिथुन राशि** – इनके शत्रु बहुत जल्द बन जाते हैं पर यह जल्द ही खत्म भी हो जाते हैं या मान जाते हैं। किसी भी बात पर तुरंत प्रतिक्रिया न करे, समय लें। मगंलवार को हनुमान जी के दर्शन करे। दूसरों के मामले में टांग न अड़ाएँ, जो दुश्मनी का मुख्य कारण होता है।

4. **कर्क राशि** – इनके बहुत सारे गुप्त शत्रु होते हैं पर आमतौर पर इनका कुछ नहीं बिगाड़ पाते। हर बृहस्पतिवार को मस्तक या कंठ पर पीला तिलक लगाएँ।

5. **सिंह राशि** – इनकी जितनी घोर मित्रता होती है, उतने ही घोर शत्रु भी होते है। शनिवार को पीपल के नीचे तेल का दिया जलाएँ।

6. **कन्या राशि** – इतने बुद्धिमान होते हैं कि शत्रु बनने ही नहीं देते और होते भी हैं तो अपनी बुद्धि से उन्हें सुलझा लेते हैं। हर शनिवार को नीले रंग के वस्त्र पहने।

7. **तुला राशि** – आमतौर पर इनके शत्रु नहीं होते और बनाते भी नहीं है और बन भी जाए तो परवाह नहीं करते। इनके शत्रु विशेश रुप से प्रेम संबंधों में बनते हैं। शत्रुओ से सतर्क रहे विशेश रुप से प्रेम के मामलों में हर बृहस्पतिवार को अपने इष्ट देवता को पीले फूल अर्पित करे।

8. **वृश्चिक राशि** – इनके शत्रु रहस्यमय होते हैं और मौका मिलते ही उखाड़ फेंकते हैं, बिल्कुल इनकी ही तरह। मंगलवार को लाल फूल हनुमान जी को चढ़ाए।

9. **धनु राशि** – हमेशा लड़ाई–झगड़े के लिए तैयार रहते हैं और खुद लड़ाई–झगड़ा करके शत्रु पैदा करते है। हर सोमवार को शिवजी को सफेद फूल चढ़ाए।

10. **मकर राशि** – न ज़्यादा दोस्त होते हैं और न ज़्यादा दुश्मन होते हैं, होते भी हैं तो दिमाग से उखाड़ फेंकते है। हर बुधवार कृष्ण जी को दो तुलसी के पत्ते अर्पित करे।

11. **कुंभ राशि** – इनके शत्रु ज़्यादातर आसपास ही होते हैं और अपने परिवार वाले ही होते हैं। अपनों से सावधान रहे, हर सोमवार शिवजी को जल चढ़ाए।

12. **मीन राशि** – शत्रुता और मित्रता अधिक दिनों तक नहीं निभाते। रिश्तो को गंभीरता से ले और लाल फूल डालकर सूर्य को जल चढ़ाए।

❖ **कर्ज से परेशान हो तो हर मंगलवार को पीपल के नीचे से टुटा हुआ ताजा पत्ता ले और सिंदूर और चमेली के तेल का पेस्ट बनाकर उस पर राम लिखें और मंगलवार को ही वह पत्ता हनुमान जी के मंदिर में चढ़ाए, तीन मंगलवार में राहत मिलेगी, पूर्ण लाभ 11 मंगलवार में होगा।**

काले तिल का शनि निवारण या शनि शांति उपाय

❖ **कृष्ण भगवान की उपासना करने से शनि का प्रकोप शांत हो जाता है क्योंकि शनि भगवान कृष्ण का दूसरा रुप है।**

तिल स्वभाव से भारी, रोगनाशक होता है, तिल वातनाशक और केशवर्धक भी माना जाता है। सामान्यतः पूजा के दीपक में और पितृ कार्यों में तिल का प्रयोग ज्यादा होता है, शनि की समस्याओ के निवारण के लिए काले तिल का प्रयोग किया जाता है।

1. अगर शनि के कारण आयु कम होने का खतरा हो या रोग परेशान कर रहे हो तो पीपल के पेड़ के नीचे शनिवार को तिल के तेल का दीपक जलाकर शनि मंत्र **'ॐ शं शनेशचराय नमः'** का जाप करें या शनि चालिसा का पाठ करें और तिल के लड्डू दान करके, हाथ ध ोकर घर आ जाए।

2. शनि अगर कुंडली में खराब हो और अपयश, मुकदमा या दुर्घटना का सामना करना पड़ रहा हो तो नहाने के पानी में काले तिल डालकर थोड़ी देर बाद उससे स्नान करें और काले तिल डालकर सूर्य को जल चढ़ाए और शाम को तिल का दान करें और **'ॐ शं क्रूराय नमः'** का जाप करें। तीन शनिवार तक करने से राहत मिलेगी।

3. अगर शनि के कारण रोजगार या धन की समस्या हो तो शनिवार को सूर्यास्त के बाद नीम या शमी के पौधे की लकड़ी लाकर उसे हवनकुंड में जलाकर उसमें **'ॐ शं शनेशचराय नमः'** का जाप करते हुए 108 बार काले तिल की आहुती दे। एक शनिवार में शनि शांत होगा मगर लंबे समय तक करने से भविश्य में कभी शनि की वजह से रोजगार या धन की समस्या नहीं होगी।

4. अगर शनि की वजह से कुंडली में बुरा योग बन जाए या शनि की खराब दृश्टि हो तो सूर्य को तिल डालकर जल चढ़ाए और शनिवार

को शाम को काले तिल बहते हुए पानी में बहाए। पानी बहता हुआ और साफ हो नहीं तो समस्याएँ बढ़ सकती है।

5. शनि की साढ़ेसाती या ढैया चल रही हो तो स्नान के पानी में काले तिल के दाने डाले, काले तिल खाकर घर से निकले और रोज शाम मुख्य द्वार से बाहर निकलते हुए उल्टे हाथ की तरफ तिल के तेल का दीपक जलाएँ या कम–से–कम शनिवार को ज़रूर जलाएँ।

6. अगर कोई व्यक्ति घर में शराब की लत में हो और उससे घर में धन और मान–सम्मान की हानि हो रही हो तो पीले कागज़ पर लाल रंग से व्यक्ति का नाम लिखकर एक छोटी शीशी में कागज़ को फोल्ड करके डाल दें और बहते हुए पानी में डालकर प्रार्थना करें कि जिस प्रकार यह शीशी पानी में बहकर जा रही है, उसी प्रकार उस व्यक्ति की शराब की लत छूट जाए।

मंगल दोष या मागंलिक दोष

❖ **ऊँ 'क्रां क्रीं क्रौं सः भौमायः नमः' सुबह या दोपहर के समय जाप करने से मंगल दोष से होने वाले सेहत की या अन्य समस्या के लिए बहुत कारगर होता है।**

कुंडली के कुछ विशेश स्थान पर मंगल होने पर मंगल दोष या मांगलिक दोष होता है।

किसी भी व्यक्ति के जीवन में रिश्ते कैसे रहेंगे, मुकदमेबाजी की स्थिति क्या रहेगी, उसका साहस, आत्मविश्वास कैसा रहेगा, यह मगंल की स्थिति से पता चलता है। संपत्ति की स्थिति भी मगंल तय करता है।

कुछ लागे कहते हैं मगंल दोष या मांगलिक होने पर शादी करने से जीवनसाथी की जल्दी मृत्यु हो जाती है।

ऐसा ज़रूरी नहीं है। कुंडली में मंगल दोश हो तो जीवनसाथी के साथ तालमेल खराब रहता है। अगर कुंडली में मंगल दोश हो और मंगल के साथ शनि हो तब वैवाहिक जीवन में जीने मरने की स्थिति पैदा हो जाती है या जीवनसाथी की मृत्यु को खतरा हो जाता है।

अगर कुंडली में मंगल लग्न में, चतुर्थ भाव में, सप्तम भाव, अष्टम भाव में या द्वादश (बारहवे) भाव में हो तो ही मंगल दोष माना जाता है।

मंगल दोश हमेशा खराब नहीं होता लग्न और अष्टम भाव का मंगल हो तो समस्या गंभीर होती है, अन्य स्थितियों में सामान्य और कुछ में अच्छा फल भी देता है।

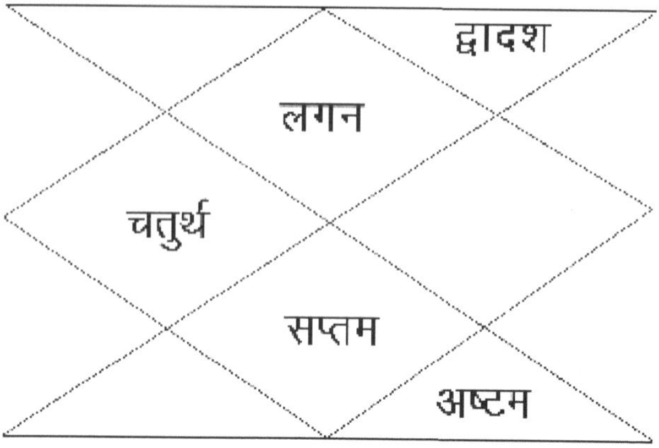

1. लग्न में मंगल हो तो व्यक्ति बहुत साहसी और पराक्रमी होता है लेकिन ज़्यादा सुदंर नहीं होता और उसके चेहरे पर लालिमा छाई रहती है। ऐसे में व्यक्ति के रिश्ते माँ से बहुत खराब रहते हैं और वह माँ और जीवनसाथी के साथ क्रूर और हिंसात्मक व्यवहार करता है। ऐसे में नियमित रूप से व्यक्ति को गुड़ का सेवन करना चाहिए हर मिठे खाने में या चाय में चीनी की जगह गुड़ का उपयोग करना चाहिए और कम–से–कम लाल वस्त्र का प्रयोग करना चाहिए।

2. चतुर्थ भाव में यदि मंगल हो तो सबसे अच्छा माना जाता है और अच्छे फल देता है। ऐसे में व्यक्ति बहुत शक्तिशाली होता है और बहुत आकर्षक भी होता है। ऐसा मगंल अपार धन संपत्ति और ऊँचे योग्य पद देता है, ज़्यादातर ऐसे व्यक्ति बड़े प्रॉपर्टी डीलर या किसी बड़े प्रशासनिक पद पर होते हैं। लेकिन ऐसा मगंल विवाह या वैवाहिक जीवन में तालमेल खराब करता है, ऐसे में व्यक्ति को नियमित रूप से हनुमान चालिसा का पाठ करना चाहिए।

3. सप्तम भाव में यदि मंगल हो तो उग्रता और हिंसा पैदा करता है। ऐसे में अक्सर पति अपनी पत्नी पर हाथ उठाते हैं। ऐसा मगंल संपत्ति देता है। ऐसे में पत्नी को मंगलवार का व्रत रखना चाहिए या पत्नी पति पर हिंसा करती हो तो पति को मंगलवार का व्रत रखना चाहिए। दोनों को तांबे का छल्ला सीधे हाथ की अनामिका उँगली में पहनना चाहिए।

4. अष्टम भाव में यदि मंगल हो तो वाणी और स्वभाव खराब करता है और निश्चित रूप से तलाक हो जाता है। ऐसे में रोज सुबह शाम मंगल के मंत्र **'ओम क्रां क्रीं क्रौं सः भौमाय नमः'** का जाप करे। हर मंगलवार को चमेली का तेल और सिंदूर हनुमान जी को चढ़ाए या कम–से–कम महीने में एक बार ज़रूर करें।

5. द्वादश भाव में यदि मंगल हो तो व्यक्ति को सुख और विलासिता (ऐशो–आराम) के लिए उकसाता है और अनावश्यक घमंड पैदा करता है। ऐसे में व्यक्ति को हर मंगलवार को हनुमान जी को या किसी भी भगवान को लाल फूल चढ़ाना चाहिए।

- ❖ **सूर्य के साथ मंगल होने पर मंगल अस्त हो जाता है और मंगल दोष नहीं रहता।**

- ❖ **बृहस्पति की दृष्टि अगर मंगल पर पड़ रही हो तो मंगल शुभ माना जाता है क्योंकि बृहस्पति की दृष्टि शुभ होती है और जिस भी ग्रह पर पड़ती है, वह शुभ हो जाता है और शुभ फल देता है। ऐसे में मंगल दोष भी खत्म हो जाता है और मंगल शुभ फल देता है।**

- ❖ **अगर सूर्य कमज़ोर हो तो घर में लाल फूल के पौधे लगाएँ, जैसे–जैसे उनमें फूल आएँगें, सूर्य मज़बूत होगा और स्थिति सुधरेगी।**

महीनों का किस्मत कनेक्शन

जनवरी– सूर्य और शनि का मिश्रित महीना होता है। जनवरी में जन्मे लोग अपनी इच्छा से चलते हैं, पर इच्छा से चलने पर सफल नहीं हो पाते। ऐसे लोगों को भगवान सूर्य की पूजा करनी चाहिए।

फरवरी– शनि और शुक्र का महीना होता है, ऐसे लोग रोमांटिक होते हैं और कला के क्षेत्र में रुचि रखते हैं। इनको शिवजी की उपासना करनी चाहिए।

मार्च– बृहस्पति का महीना होता है, ऐसे लोग आमतौर पर ज्ञानी और शिक्षित होते हैं और क्रोधित भी होते हैं। ऐसे लोग हनुमान जी की उपासना करें।

अप्रैल– मंगल का महीना होता है ऐसे लोग 32–33 साल तक बीमार रहते हैं। ऐसे लोग खेल, शिक्षा और खाद्य पदार्थ से जुड़े क्षेत्रों में सफलता पाते हैं। सूर्य को नियमित जल अर्पित करें।

मई– सूर्य का महीना होता है। ऐसे लोग बहुत छोटे लेवल से शुरू करके बड़ी ऊँचाइयों तक पहुँच जाते हैं, इन्हें मार्केटिंग में सफलता मिलती है। ऐसे लोग थोड़े ओवर कॉन्फिडेंट होते हैं। माँ दुर्गा की उपासना करें, **'ऊँ दुं दुर्गाय नमः'** का जाप करे।

जून– सूर्य और चंद्रमा का मिश्रित महीना। इस महीने में जन्में लोग अनुशासित और बुद्धिमान होते हैं पर इन्हें हर चीज़ थोड़ी देरी से मिलती है। जल्दबाजी से बचें। बुद्धि से जुड़े कार्यों में सफलता पाते हैं। जैसे– ज्योतिष, कंसल्टेंसी या रिसर्च। ऐसे लोग श्री कृष्ण की उपासना करें।

जुलाई– बृहस्पति और शुक्र का महीना होता है। ऐसे लागे इमोशनल होते हैं और आध्यात्मिक क्षेत्रों में सफलता पाते हैं, जैसे ज्योतिष। इन्हें भगवान शिव की उपासना करनी चाहिए।

अगस्त– शुक्र और शनि का महीना होता है। इस माह में जन्में लोग मेहनती और उदार होते हैं, ऐसे लोग मीडिया, फिल्म, प्रशासन, धर्म और

कानून के क्षेत्र में सफलता पाते हैं। वाणी पर कंट्रोल करें। शनि देव की उपासना करें।

सितंबर– बुध का महीना माना जाता है। इस महीने में जन्में लोग वाणी, शिक्षा, संपत्ति और धन के मामले में भाग्यशाली होते हैं। ऐसे लोग धीरे–६ ीरे 35 वर्ष की उम्र के बाद बड़ी ऊँचाइयों पर पहुँच जाते हैं, राजनीति, खेल, व्यवसाय, और पत्रकारिता आदि में इनको बड़ी सफलता मिलती है।

अक्टूबर– शुक्र और चंद्रमा का महीना। ऐसे लागे छोटी जगह जन्म लेकर बहुत ऊँचाई तक पहुँच जाते हैं। इन्हें लेखन, अभिनय, तकनीक और जल संबंधी क्षेत्रों में सफलता मिलती है। शिव की उपासना करें।

नवंबर– बुद्ध का महीना। ऐसे लोग ऊर्जावान होते हैं और थोड़े चंचल भी। ऐसे लोग प्रशासन और सेवा में सफलता पाते हैं। इन्हे चोट और वाहन से बचना चाहिए।

दिसंबर– मंगल और शुक्र का महीना। ऐसे लागे राजनीति, तकनीकी और पुलिस जैसे क्षेत्रों में सफलता पाते हैं। हनुमान जी की उपासना करें।

❖ **अगर आप अपनी नौकरी से संतुष्ट नहीं है और मनचाही नौकरी पाना चाहते हैं तो घर से निकलते समय एक लौंग चबाते हुए जाएँ और ऑफिस जाकर उसे थूक दें और कुल्ला करने के बाद काम शुरू करें। 27 दिनों में मनचाही नौकरी मिलेगी।**

बिजनेस करें या नौकरी

❖ **'ऊँ श्रीं हीं व्यापारलक्ष्मयै ही फट्' (स्फटिक की माला से रोज 108 बार जाप करने से व्यापार में फायदा होता है)**

1. **मेष राशि** – मेश राशि का करियर सूर्य तय करता है। सूर्य जैसा होगा करियर वैसा रहेगा। ऐसे लोग मीडिया और एडमिनिस्ट्रेशन के क्षेत्र में सफलता पाते हैं। शनि मज़बूत होने से नौकरी में सफलता मिलती है, बिजनेस में बहुत ही मुश्किलें आती है।

2. **वृषभ राशि** – बुध के कारण अक्सर भ्रम पैदा होता है और गलत करियर का चुनाव कर लते हैं फिर असफल होने पर सही निर्णय लेते हैं। वाणिज्य से जुड़े विषयों में सफलता पाते हैं। कुछ दिन नौकरी करने के बाद बिजनेस में आ जाते हैं कंसल्टेंसी, ज्योतिष और स्किल या Brain Selling जैसे क्षेत्र में सफलता पाते हैं।

3. **मिथुन राशि** - शुक्र और शनि करियर तय करते हैं। मीडिया, मैनजेमेंट मार्केटिंग और लॉ में सफलता मिलती है। स्वतंत्र काम या बिजनेस करना अच्छा लगता है और सफलता भी मिलती है। घमंड और वाणी पर नियंत्रण न होने से नौकरी मिलने और चलने में मुश्किल आती है।

4. **कर्क राशि**– मंगल और चंद्रमा से तय होता है। मेडिकल, टीचिंग, फिल्म और मीडिया में नौकरी करना फायदेमंद होता है अगर बिजनेस करना ही पड़े तो नौकरी की तरह करें। तय वेतन लें और कम–से–कम जिम्मेदारी लें।

5. **सिंह राशि**– इनका करियर बृहस्पति और शुक्र तय करता है। अक्सर इनका करियर शिक्षा से उलट जाता है। साधारण तरीके से साधारण नौकरी मिलती है। जमीन से जुड़े खाने–पीने, लकड़ी, कपड़े और राजनीति के क्षेत्र या बिजनेस में सफलता मिलती है।

6. **तुला राशि–** शनि, बुध और शुक्र करियर तय करता है। इंजीनियरिंग, पत्रकारिता, तकनीकी और कानून के क्षेत्र में नौकरी मिलती है। शुरू में नौकरी ही करते हैं पर 45 साल के बाद ग्लैमर के बिजनेस में आ जाते हैं। अक्सर नौकरी और बिजनेस में फेरबदल करते रहते हैं। ज़्यादा–से–ज़्यादा नौकरी करें।

7. **कन्या राशि –** बुध की अद्‌भुत शक्ति की वजह से जन्मजात कारोबारी होते हैं। सूत, केमिकल, कपड़ों या जेम्स एंड ज्वैलरी के काम में सफलता पाते हैं और अलग–अलग बिजनेस को एक साथ कर लेते हैं। केवल टॉप मैनेजमेंट की नौकरी ही कर पाते हैं।

8. **वृश्चिक राशि –** चंद्रमा, बृहस्पति और सूर्य तय करते हैं करियर। शिक्षा, मेडिकल, पत्रकारिता और मीडिया में नौकरी से सबसे ज़्यादा फायदा होता है। बिजनेस कभी–कभी बंद होने के आसार रहते हैं, अच्छे सर्जन भी होते हैं।

9. **धनु राशि–** जन्म से ही शासन की क्रिया होती है। प्रशासनिक सेवा की तैयारी करना उत्तम रहता है। बिजनेस में ग्राहक से कभी–कभी लड़ाई झगड़ा होता रहता है।

10. **मकर राशि–** पृथ्वी तत्व की राशि होती है। इन पर बुध का सीधा असर पड़ता है। पेट्रोल, लोहे का बिजनेस ही होता है इनकी किस्मत में।

11. **कुंभ राशि–** बुध, शनि और मंगल करियर तय करता है। कॉमर्स, लॉ, इंजीनियरिंग के क्षेत्र में जाएँ तो फायदा होता है। ज़्यादा दिन नौकरी ही करते हैं। अपनी बुद्धि से पैसा कमाते हैं, जैसे ज्योतिष और C.A.।

12. **मीन राशि –** चंद्रमा और मंगल करियर तय करते हैं। घुम–फिरकर नौकरी ही करते हैं। मेडिकल, टेक्निकल, सर्विस सेक्टर और मार्केटिंग का क्षेत्र उत्तम होता है।

❖ **अगर आपको राशि के हिसाब से बिजनेस करना चाहिए पर किसी कारणवश आपको नौकरी करनी पड़ रही और उसमें सफलता नहीं मिल रही तो–**

1. नियमित रूप से शाम को शनि मत्रं, **'ऊँ शं शनेशचराय नमः'** का 108 बार रुद्राक्ष की माला से जाप करें।

2. हर शनिवार शाम को सरसों के तेल का दीपक पीपल के पेड़ के नीचे जलाएँ।

3. हर शनिवार को गरीबों को खाने–पीने की चीज़ दान करें, मीठी चीज़ दान न करें।

❖ **अगर आपको नौकरी करनी चाहिए पर किसी कारणवश आपको बिजनेस करना पड़ रहा है या कर चुके हैं और सफलता नहीं मिल रही है तो,**

1. रोज सुबह हकीक या रुद्राक्ष की माला से विष्णु भगवान के सामने बुद्ध के मंत्र का जाप करें, **'ऊँ बुं बुद्याय नमः**।

2. हर बुधवार को दूर्वा यानी दूब से बनी माला गणेश जी को पहनाए , महिलाएँ चरणों में चढ़ाएँ।

3. बुधवार को पक्षियों को दाना डालें।

❖ **घर के मुख्य द्वार पर स्वास्तिक लगाने से घर में कभी भी किसी चीज़ की कमी नहीं होती।**

❖ **सोमवार को शाम को शिवलिंग पर घी का दीया जलाने से स्वास्थ्य अच्छा रहता है और उम्र बढ़ती हैं।**

दूसरो की निंदा या नुकसान करने वालो से कैसे बचे

कुंडली में चौथे, सातवें भाव से चंद्रमा की स्थिति से पता चलता है कि व्यक्ति का स्वभाव दूसरो की बुराई करना या नुकसान करना है या नहीं। चौथा या सातवाँ भाव खराब हो और शनि का साथ मिले तो व्यक्ति दूसरो की निंदा करता हैं और नुकसान भी पहुँचाता है, जिस व्यक्ति का अगुँठा छोटा हो वह अक्सर दूसरो को नुकसान पहुँचाता है।

दूसरो की बुराई करने से धन की स्थिति खराब होती है और परिवार की भी स्थिति खराब होती है। कुंडली मे अगर संतान बाधा हो तो बाधा और बढ़ जाती है।

हमारे मन में दूसरे व्यक्ति के बारे मे जो भाव होता है, दूसरो व्यक्ति के मन में भी हमारे लिए वही भाव पैदा होता है। तो अगर आप किसी से दोस्ती करना चाहते हैं तो उसके बारे मे अच्छा सोचिए और लड़ाई करनी हो तो उसके बारे में बुरा सोचिए।

अगर हम जानबूझ कर किसी को हानि पहुँचाते हैं या किसी के धन की हानि करते हैं तो जीवन मे आकस्मिक धन की हानि हो जाती है। दूसरों की बुराई करने पर संपत्ति की हानि होती है और संतान अपने हाथों से निकल जाती है, दूसरों की बुराई करने और नुकसान करने से राहु और शनि का नकारात्मक असर पड़ता जाता है। बृहस्पति और शुक्र खराब हो जाता है, जिससे धन और वैवाहिक जीवन में बाध ााएँ–समस्याएँ बढ़ती जाती है और सूर्य कमज़ोर होता जाता है, जिससे जीवन में दुर्गति होती है और अपयश का सामना करना पड़ता है और ऐसे लोगों की हथेली का रंग सफेद से काला होने लगता है।

अगर किसी को यह आदत पड़ गई हो या वह व्यक्ति दिल का अच्छा हो पर जाने अनजाने में ऐसा कर देता हो तो सुबह सूर्य को जल चढ़ाएँ और 27 या 108 बार गायत्री मंत्र **'ऊँ भूर्भुवः स्वः तत्सवितुर्वरेण्यं भर्गो देवस्य धीमहि धियो यो नः प्रचोदयात' का जाप करें।** अगर किसी को नुकसान

पहुँचाने का मन में ख्याल आए तो गायत्री मंत्र का जाप करें और पीले वस्त्र का उपयोग अधिक करें।

अगर कोई दूसरा व्यक्ति हमारी बुराई करता रहे या नुकसान पहुँचा रहा हो तो हनुमान जी को हाथ जोड़कर घर से निकले या किसी भी भगवान को, और उस व्यक्ति से संपर्क न रखें। सोमवार को शिवजी को खुशबूदार धूप और इत्र चढ़ाएँ। शनिवार को शाम को पीपल के पेड़ के नीचे सरसों के तेल का दिया जलाएँ।

❖ **लंबाई बढ़ाने के लिए रोज सुबह जब सूर्य लाल हो तब जल चढ़ाएँ, पदमासन मुद्रा में 5 से 15 मिनट तक बैठे।**

बच्चों के संस्कार कैसे बने अच्छे

जन्म से लेकर 21 साल तक संस्कार का निर्माण होता है। हर उम्र में बच्चा अलग–अलग अवस्थाओं से गुजरता है और उसका उस पर अलग–अलग असर पड़ता है। माता–पिता के संस्कार का भी बच्चों के संस्कारो पर असर पड़ता है।

1. **जन्म से 5 वर्ष तक**– इस उम्र में बच्चों के आहार और खाने–पीने का विशेष ख्याल रखना चाहिए क्योंकि उस उम्र में बच्चों को जो खाने की आदत पड़ जाती है वह जीवन भर ऐसा ही भोजन पसंद करता है। ज़्यादा मीठा या ज़्यादा तीखा खाना नहीं खिलाना चाहिए। बच्चों के मांसाहार या फास्ट फूड, चिप्स समोसा आदि तेल वाली, मसालेदार खाने से दूर रखें। बच्चों को तुलसी के दो पत्ते हफ्ते में एक बार पंचामृत बनाकर भगवान को आर्पित करके खिलाना चाहिए।

2. **6 से 10 वर्ष तक**– इस उम्र में बच्चों में शुभ और अशुभ आदतें आने लगती हैं। इस उम्र में घर का माहौल शुद्ध होना चाहिए, घर का व्यवहार और आचरण ठीक हो इस समय में बच्चों को सही–गलत, सच–झूठ का मतलब समझाना चाहिए। किसी मंत्र या पूजा का ज्ञान देना चाहिए, जैसे गायत्री मंत्र।

3. **11 से 15 वर्ष तक**– इस उम्र में बच्चा शिक्षा और ज्ञान की बातें समझने लगता है। उसे सूर्य की उपासना और आसन करना सिखाएँ, कम–से–कम सूर्य को जल चढ़ाना और सूर्य नमस्कार करना सिखाएँ। उसकी मित्रता व संगति का ख्याल रखें मगर जबरदस्ती या सख्ती न करें। अपनी रुचि से उसे पढ़ाई करने दे। वह जो बनना चाहता है, वह करने दे, सलाह दे, जबरदस्ती न करें।

4. **17 से 21 वर्ष तक**– बच्चों के अंदर इस उम्र में रासायनिक बदलाव होने लगते हैं। इस उम्र में बच्चों को जिम्मेदारी लेने दे

और जो काम करे उसमे उनकी मदद करें। उसे बड़े–बुजुर्गों के साथ रहने की सलाह दे। व्रत करना सिखाएँ खासकर एकादशी का और आवश्यकतानुसार उसे व्रत करवाएँ, इस उम्र में बच्चों के गुण अवगुण दिखाई देने लगते हैं।

❖ **मंगलवार को श्रृंगार का सामान नहीं खरीदना चाहिए इससे वैवाहिक जीवन में बाधाएँ आती है।**

मंगल का खेल

ग्रहों का राजा– सूर्य, रानी या दूसरा राजा– चंद्रमा और सेनापति या मुख्यमंत्री– मंगल होता है। मंगल का तत्व अग्नि और धातु ताँबा होता है।

मंगल का रत्न मूँगा होता है और जिन लोगों को मंगल के कारण मानसिक तनाव होता है, उन्हें मूँगा धारण करने पर शुभ फल देता है।

मंगल मकर राशि में सबसे मज़बूत और कर्क राशि में सबसे कमज़ोर होता है।

मंगल अशुभ होने पर व्यक्ति क्रूर, हिंसक और जीवन साथी के साथ मारपीट करने लगता है।

मंगल खराब होने पर व्यक्ति के संपत्ति खरीदने में आपत्ति आती है और कर्ज जैसी समस्या का सामना करना पड़ता है।

उपाय– अगर संपत्ति खरीदने में समस्या आ रही हो तो एक तिकोना नारंगी झंडा लेकर उस पर राम लिखकर हनुमान जी के मंदिर में चढ़ाएँ। महीने में सिर्फ एक बार करें।

अनावश्यक वाद–विवाद या केस होने पर सूर्य को जल चढ़ाकर हनुमान चालीसा पढें, सात्विक भोजन ग्रहण करें और भूमि पर शयन करें, 27 दिनों में मुक्ति मिलेगी।

अगर कुंडली में मंगल खराब हो तो अंधेरे कमरे के कोने मे जौ दबाकर जितनी उम्र है उतनी बार हनुमान चालीसा का पाठ करें, तीन मंगलवार तक। अगर आप बेवजह किसी केस में जेल चले गए हैं तो आप या आपका कोई घर वाला भी इस उपाय को करें तो बेवजह फँसा व्यक्ति जल्द जेल से छूट जाता है।

संतान सुख

❖ **सोमवार को तीखा या मसालेदार खाना नहीं खाना चाहिए, इससे चंद्रमा कमज़ोर होता है और मानसिक तनाव बढ़ता है।**

मेष राशि – संतान का सुख मिश्रित होता है, कभी–कभी किसी एक संतान की वजह से परेशानी होती है पर जल्द सुलझ जाती है। ज़्यादा परेशानी नहीं होती। अगर परेशानी हो तो रविवार का व्रत रखें और सूर्य के मंत्र **'ऊँ आदित्याय नमः'** का रोज 108 बार जाप करें।

वृषभ राशि– बड़ी मुश्किल से संतान सुख मिलता है या तो संतान होने में मुश्किल होती है और होती है तो सुख और सहयोग नहीं मिलता। संतान की सेहत और स्वभाव से मुश्किल आती है। हर बुधवार को गणेश जी को दूब अर्पित करें। **'ऊँ बुं बुधाय नमः'** का जाप करें।

मिथुन राशि– आमतौर पर इनकी संतान कम होती है या दो से अधिक नहीं होती है। पर योग्य और प्रतिभाशाली होती है। कभी–कभी करियर की वजह से दूर चली जाती है। पर सुख–सहयोग भरपूर मिलता है। यदि बाधा आ रही हो या संतान दूर चली जाए तो शिवजी को जल चढ़ाएँ और **'ऊँ नमः शिवाय'** का जाप करें।

कर्क राशि – संतान सुख तो मिलता है पर थोड़ा–सा कठिन होता है अक्सर पुत्री से परेशानी होती है और वह माँ बाप की बात नहीं मानती। अक्सर बुढ़ापे में संतान छोड़ देती है। ऐसे में हर मंगलवार को हनुमान जी के चरणों में सिंदूर चढ़ाएँ।

सिंह राशि– आमतौर पर संतान योग्य और जिम्मेदार भी होती है पर पिता के साथ वैचारिक मतभेद होता है पर सिर्फ वैचारिक ही मतभेद होता है और पूर्ण सहयोग देती है मगर किसी कारणवश साथ नहीं रह पाती। ऐसे में रोज विष्णु–सहस्त्रनाम का पाठ करें।

कन्या राशि– संतान अक्सर बात नहीं मानती और माता–पिता को कुछ नहीं समझती। अपनी मनमानी करती है। संतान का सुख सहयोग नहीं

मिल पाता। शनिवार को पीपल के नीचे सरसो के तेल का दिया जलाए और परिक्रमा करें। काले वस्त्रो का कम–से–कम प्रयोग करें।

तुला राशि– आमतौर पर संतान सामान्य होती है और माता–पिता पर आश्रित रहती है और माता–पिता को सहयोग करना पड़ता है। शनि मंत्र का नियमित जाप करें और शनि देव का तेलाभीषेक कराएँ या गरीब को तेल का दान करें।

वश्चिक राशि– संतान का मिश्रित सहयोग मिलता है। अक्सर पुत्र कभी साथ नहीं देते और पुत्री सहयोग करती है। माता–पिता की बात कभी नहीं मानते पर संतान काफी तरक्की करती है। श्री कृष्ण की उपासना करें। गीता के रोज कुछ श्लोक का पाठ करें।

धनु राशि– संतान तेजस्वी होती है पर कभी माता–पिता की बिल्कुल परवाह नहीं करती। संतान का बिल्कुल सहयोग नहीं मिलता। ऐसे में सुबह–शाम हनुमान चालीसा पढ़ें और शनिवार को हनुमान मंदिर जाएँ।

मकर राशि– संतान बुद्धिमान और योग्य होती है। संतान का पूरा सहयोग और सम्मान मिलता है। अगर परेशानी हो तो शिव की उपासना करें। कभी–कभी एक संतान से मतभेद हो जाता है। लाल वस्त्र का इस्तेमाल न करें।

कुंभ राशि– संतान काफी उन्नति करती है। माता–पिता से वैचारिक मतभेद होता है। काफी उन्नति करने पर भी संतान का सुख–सहयोग नहीं मिलता। श्री कृष्ण की उपासना करें। बृहस्पति वार का व्रत करें।

मीन राशि– संतान सुख सामान्य मिलता है। माता–पिता के साथ तालमेल खराब रहता है। संतान सहयोग करती है पर दूर रहकर करती है। सोमवार का उपवास रखें, शुक्ल पक्ष में चंद्रमा को जल चढ़ाएँ।

❖ **अगर नौकरी में बार–बार समस्या आ रही हो तो एक काला चौकोर पत्थर लाकर रसोई की पश्चिम दीवार के कोने में रखें और उसे नियमित धूप–बत्ती करें या कम–से–कम हफ्ते में एक बार करें।**

मंगल के शुभ और अशुभ योग

❖ **अगर कुंडली में मंगल खराब हो, आत्मविश्वास में कमी रहती हो, तो सुबह स्नान करके लाल चंदन का गोल तिलक लगाए, जिससे मंगल मज़बूत होता है और आत्मविश्वास बढ़ता है।**

अशुभ योग

1. **अंगारक दोष**– यदि मंगल और राहु साथ हो तो बनता है, ऐसे योग से हमेशा दुर्घटना, सर्जरी या रक्त की कमी से संबंधित बीमारियाँ होने का खतरा बना रहता है। पारिवारिक संबंध भी काफी खराब हो जाता है। भाई–भाई में अक्सर जमीन–जायदाद को लेकर झगड़े हो जाते हैं और परिवार वालों से नफरत सी हो जाती है कि वह एक–दूसरे को देखना भी पसंद नहीं करते।

   उपाय– मंगलवार का व्रत करें, अनाज न खाएँ। कुमार कार्तिकय की पूजा करें।

2. **मंगल दोष**– जब मंगल लग्न में, चौथे, सातवें, आठवें, बारहवें भाव में होता है, तो मंगल दोष होता है, ऐसे मंगल से रिश्तों में उलझन आती है। ऐसे में कुंडली शादी के समय ज़रूर मिलानी चाहिए और रिश्तों को गंभीरता से लेना चाहिए, सोच–समझकर बात करें, ज़्यादा मजाक करने में सावधानी रखें।

   उपाय – हर मंगलवार को हनुमान जी को चोला चढ़ाएँ और जमीन पर सोए या नीचे पलंग पर सोए जो जमीन से नजदीक हो।

3. **निचस्थ स्थान या निचस्थ मंगल**– मंगल अगर कर्क राशि में हो तो आत्मविश्वास में कमी, रक्त की कमी व साहस की कमी रहती है।

   उपाय – तांबे का कड़ा पहनें और सुबह ब्रश करने के बाद गुड़ और काली मिर्च खाएँ।

शुभ योग

1. **अग्नि योग–** शनि और मंगल का योग। शनि का तत्व वायु और मंगल का तत्व अग्नि होने से काफी हानिकारक होता है। इस योग के कारण व्यक्ति पर शस्त्रघात, वायु दुर्घटनाएँ या आतंकी दुर्घटनाएँ होती है। ऐसा व्यक्ति एक दम से ऊँचाई तक चला जाता है और अचानक नीचे आ जाता है या दुर्घटना का शिकार हो जाता है। इसके बूरे दोश से बचने के लिए माता–पिता के चरण छुएँ, मंगलवार को हनुमान जी को सिंदूर चढ़ाएँ। मंगलवार या शनिवार को सुंदरकांड का पाठ करें।

2. **लक्ष्मी योग–** यह यागे चंद्रमा और मंगल के योग से बनता है। ऐसा मंगल अपार धन देता है। सामान्य जगह जन्म लेकर व्यक्ति काफी ऊपर चला जाता है। केंद्र या त्रिकोण में हो तो ज़्यादा शुभ होता है। लक्ष्मी के तीन रूप–भोग, दान और नाश की तरह जो व्यक्ति लक्ष्मी का भोग या दान नहीं करता उससे धन खत्म हो जाता है या योग खत्म हो जाता है।

3. **रूचक योग–** अगर मंगल, मेष, मकर या वृश्चिक में हो और मज़बूत हो तो रूचक योग बनता है। ऐसे लागे राजा, सेनापति, रक्षा, मंत्री, बड़े फौजी अफसर या किसी साहसी पद पर पहुँचते हैं। अगर कुंडली में यह योग हो तो दूसरों की मदद ज़रूर करें।

❖ **अगर चिकित्सकीय समस्या की वजह से संतान प्राप्ति में मुश्किल हो रही हो तो दूध मिलाकर आटा गूदँ ले और 108 गोलियाँ बना ले और मंगलवार शाम या शनिवार को सीताराम कहते हुए मछलियों को डालें महिनें में एक बार कम–से–कम अवश्य करें। संतान उत्पत्ति होगी।**

दिशाओं का महत्व

❖ **बृहस्पति को पति–पत्नी के रिश्ते का स्वामी मानते हैं। अगर रिश्ते में समस्या हो तो पीले रंग के श्री कृष्ण जी का चित्र लगाएँ और उसकी उपासना करें।**

दिशाओं का संबंध सूर्य और इसके प्रकाश से होता है। अलग–अलग दिशाओं में सूर्य का अलग–अलग प्रकाश पड़ता है और इससे इसका अलग–अलग प्रभाव हर दिशा में पड़ता है।

1. **पूर्व**– सबसे ज़्यादा शक्तिशाली ऊर्जावान और पवित्र दिशा मानी जाती है। इस दिशा की तरफ मुँह करके कार्य करना सबसे शुभ होता है। सूर्य और बृहस्पति का इस दिशा में सबसे अधिक प्रभाव होता है। अगर आप अधिक मान–सम्मान पाना चाहते हैं तो पूर्व दिशा की ओर मुख करके भोजन करें। इसे मान–सम्मान और ज्ञान मिलता है। पूजा–पाठ, ध्यान और पढ़ाई इस तरफ मुँह करके करनी चाहिए।

2. **पश्चिम**– पश्चिम को भी अत्यंत ऊर्जावान माना जाता है। शनि इस दिशा में सबसे शक्तिशाली होता है। इस और मुँह करके ध्यान और प्रार्थना करने से जल्द स्वीकार होती है। इस तरफ सर करके सोने से सेहत खराब रहती है। इस दिशा से रिश्ते, परिवार और खुशहाली प्रभावित होती है। इस तरफ मुँह करके भोजन करने से जीवन में संघर्ष करना पड़ता है।

3. **उत्तर**– धन और आर्थिक लाभ की दिशा होती है। इसे शक्ति और सेहत की दिशा भी मानते हैं, इस दिशा का स्वामी मगंल होता है। इस दिशा में मुख करके काम और व्यवसाय करना सर्वोत्तम रहता है। उत्तर की और मुँह करके भोजन करने से कम मेहनत में अधिक सफलता मिलती है। धन पाने के लिए इस दिशा में मुख करके प्रार्थना करने से जल्दी स्वीकृति होती है।

4. **दक्षिण**– इस दिशा को आमतौर पर नकारात्मक या खराब मानते हैं लेकिन यह आयु और सेहत अच्छा कर सकती है। शनिवार को दक्षिण की तरफ मुँह करके दिया जलाने से जीवन में संघर्ष खत्म होता है। इस तरफ मुँह करके भोजन करने से पेट और कल्पना की समस्या होती है। इस तरफ सिर करके सोने से आयु और सेहत का संकट होता है। शनि मत्रं या किसी भी ग्रह का निवारण इस तरफ मुँह करके करना अच्छा होता है।

5. **ईशान कोण** – उत्तर और पूर्व दिशा का मेल जिस कोने में होता है उसे इंशान कोण कहते हैं। इस दिशा को जल तत्व और आध्यात्मिक दिशा भी कहते हैं। इस दिशा में रहने से विचार, भावना और मन शुद्ध होता है। इस दिशा की और मुख करके प्रार्थना करने से जल्दी स्वीकृत होती है। इस दिशा में गदंगी न रखें। इस दिशा मे ंरहने से स्वास्थ्य हमेशा अच्छा रहता है और कोई भी पुरानी बीमारी ठीक हो जाती है।

❖ **अगर शत्रु आपके जीवन में बाधाएँ पैदा कर रहे हैं तो एक लोहे का त्रिशूल और रुद्राक्ष की माला शिवजी को अर्पण करें और रुद्राक्ष की माला को प्रसाद के रूप में गले में धारण करके शत्रुओ के शांत होने की प्रार्थना करें।**

रिश्तो को सुधारने के तरीके

1. जब भी पति–पत्नी पंलग पर सोए, पत्नी पति के बाएँ तरफ सोएँ, अलग–अलग तकीयो का प्रयोग न करें, दो से ज़्यादा तकीये पलग पर न रखें।

2. बैड रूम का रंग हल्का गुलाबी या हल्का हरा रखे। पीले या इससे जुड़े रंगों का प्रयोग न करें क्योंकि यह आध्यात्मिक रंग है और पति–पत्नी की शादी के काफी साल बाद (35–40 वर्ष बाद) उनकी उम्र आध्यत्मिकता से जुड़ने वाली होती है, इस समय इसका प्रयोग करें।

3. शुक्रवार को एक साथ जाकर फुल खरीदने चाहिए लेकिन सिर्फ गुलाब और सफेद फूल और यदि दोनों न जा सके तो कोई भी एक जाए और इन फूलों को सिरहाने रखें और ऐसा हर शुक्रवार को करें।

4. सोते समय पूर्व या दक्षिण की और सिर करें और पैरो की तरफ पानी की तस्वीर लगाएँ, इससे वैचारिक मतभेद आते–जाते रहेगे, लंबे समय तक नहीं चलेगें। देवी–देवताओं की मूर्ति या फोटो न लगाएँ। किसी भी शुक्रवार को हल्की खुशबू वाला परफ्यूम या इत्र लाए और दोनों इस्तेमाल करें।

5. शुक्रवार को सफेद मिठाई का भोग देवी को लगाएँ और प्रसाद के रूप में खाएँ और खाने मे खट्टी चीज़ों का प्रयोग न करें।

6. पति–पत्नी सोने में ससुराल से मिले पलंग का ही इस्तेमाल करें और इससे चारों पैरों पर गुलाबी धागा बाँध दे, इसे संतान उत्पत्ति में बाधा नहीं होगी।

7. सोच समझ कर ही हीरा पहनें अगर रिश्तो में समस्या आ रही हो या बेवजह विवाद हो रहा हो तो दोनों को हीरा निकाल देना चाहिए, चाहे यह सगाई की अँगूठी क्यों न हो और इसकी जगह पत्नी सोने का छल्ला और पति चाँदी का छल्ला पहने।

8. अगर हर काम में सफलता पाना चाहते हैं तो जिस नाक से साँस आ रही है वहीं पैर पहले बाहर निकाले और अगर घर में छोटा बच्चा हो तो उसे प्यार दुलार करें, गले लगा कर जाएँ।

9. शारीरिक या मानसिक समस्या– सफेद वस्त्र पहनकर पूजा के स्थान पर बैठकर गोद में हरा पानी वाला नारियल लेकर **'ऊँ सोम सोमायः नमः'** का 108 बार जाप करें, पानी में बहाएँ।

फूलों का महत्त्व

❖ **नियमित रूप से भगवान को फूल अर्पित करें और उसमें से एक फूल अपने साथ लेकर जाने से दिन अच्छा जाता है और हर बाधा से बचाव होता है।**

1. **गेंदे का फूल**– एक छोटे–छोटे फूल का गुच्छा होता है। इसका संबंध बृहस्पति से होता है। इसके प्रयोग से ज्ञान, विद्या और आकर्षण की प्राप्ति होती है। विष्णु भगवान को नियमित रूप से गेंदे का फूल चढा़ने से संतान की प्राप्ति होती है।

2. **गुलाब**– अद्‌भुत और चमत्कारी होता है। लाल गुलाब मगंल और इसकी खुशबू शुक्र से संबंधित होती हैं। गुलाब लक्ष्मी जी को नियमित रूप से अर्पण करने से आर्थिक स्थिति अच्छी होती है।

3. **कमल**– एक देवीय और अध्यात्मिक फूल है। सफेद कमल अत्यंत पवित्र और ऊर्जावान होता है। सफेद कमल की पंखुड़ियों में नौ ग्रह समाए होते हैं। सफेद कमल पर शिवजी या विष्णु जी की स्थापना करने से स्वंय ईश्वर गुरु के रूप में प्राप्त होते हैं। महीने में एक एकादशी को दो सफेद कमल के फूल कृष्ण जी को चढ़ाने से संतान की प्राप्ति होती है और 27 दिनों तक लक्ष्मी जी को चढ़ाने से राजयोग व सुख की प्राप्ति होती है।

4. वास्तविक फूल से अधिक शक्तिशाली और प्रभावशाली मानसिक या काल्पनिक फूल होता है। इसे बनाने में जितना समय लगाएँ उतना अच्छा होता है। अगर फूल न मिले तो भी मानसिक फूल अर्पण करना सर्वश्रेष्ठ होता है। मानसिक फूल अर्पण करने से हर प्रकार की इच्छा पूर्ण होती है।

❖ **सुनहरे रंग के गणेश जी जिनके 10 हाथ हो या कम–से–कम 4 हाथ हो, उनकी स्थापना मंदिर में करना और उनके दर्शन करना सर्वश्रेश्ठ होता है। ऐसे गणेश जी की उपासना करना और हाथ जोड़ना, पूरे परिवार की खुशहाली के लिए अच्छा होता है, इससे लगातार परिवार की तरक्की ओर बाधाओं से बचाव होता है।**

चंद्रमा के योग

❖ **सोमवार को खीर ज़रूर खाएँ या दूध और चावल का सेवन ज़रूर करें, इसमें चंद्रमा मज़बूत होता है।**

चंद्रमा पृथ्वी पर सबसे ज़्यादा असर डालता है और इसका सीधा असर नाम और संस्कार पर पड़ता है।

चंद्रमा के शुभ और अशुभ योग होते हैं। अनफा, सुनफा और दूरधरा शुभ योग होते हैं और केमद्रूम अशुभ योग।

केमद्रूम योग मानसिक पीड़ा देता है और व्यक्ति को घोर रूप से दरिद्रता का सामना करना पड़ता है।

यदि चंद्रमा के दोनों तरफ कोई भी ग्रह न हो और न ही किसी की दृष्टि चंद्रमा पर पड़ रही हो तो यह योग बनता है, ऐसे में व्यक्ति को ऐपीलेप्सी, मिरगी, ब्रेन टयूमर जैसी मानसिक बीमारियों का सामना करना पड़ सकता है। धन को लेकर उतार–चढ़ाव रहता है और माता का सुख नहीं मिलता। कर्क, वृश्चिक, मीन लग्न में यह अधिक खराब होता है।

जब चंद्रमा से आठवाँ या छठवें भाव में शुभ ग्रह हो तो यह योग काम नहीं करता। शुभ ग्रह मज़बूत हो जैसे शुक्र, बृहस्पति, सूर्य तो भी यह योग काम नहीं करता।

केंद्र में बृहस्पति हो तो भी यह योग काम नहीं करता लग्न में बृहस्पति हो तो भी यह योग काम नहीं करता। शुक्ल पक्ष की रात्रि या कृष्ण पक्ष में जन्म हो तो भी यह योग काम नहीं करता।

रोज सुबह माँ के पैर छुए, माँ न हो तो माता समान स्त्री के पैर छुए। सोमवार को दूध, चावल और चीनी दान करे, चाँदी ज़रूर पहनें। रोज

शाम **'ऊँ श्रां श्रीं श्रौं सः चंद्रमसे नमः'** का 108 बार जाप करें। महीने में एक बार शिवलिंग पर सफेद चंदन लगाकर जल चढ़ाएँ।

- **अगर काल्पनिक भय ज़्यादा हो तो चंदन का इत्र डालकर स्नान करें, सोते समय दक्षिण दिशा में सिर रखें और पूर्णिमा का व्रत रखें।**

नकारात्मक ऊर्जा

❖ **लाल रंग के आसन पर बैठकर पूजा करने से आलस्य या नींद नहीं आती।**

हर व्यक्ति और वस्तुओं से अलग–अलग तरह की ऊर्जा, तरंगें निकलती है। व्यक्ति से निकलने वाली तरंगें ज़्यादा प्रभावशाली होती है और जब एक तरह की ज़्यादा तरंगें इकट्ठी हो जाती है तो घर में वैसा ही वातावरण बनता जाता है।

एक प्लेट में चीनी लेकर रात भर खुला रखें अगर चीटियाँ नहीं लगती तो नकारात्मक ऊर्जा ज़्यादा है।

तुलसी का पौधा बार–बार लगाने पर सुख जाना, बीमारी में सबसे ज़्यादा पैसा खर्च होना, बार–बार सही करने पर भी सीलन आना ज़्यादा नकारात्मक ऊर्जा का प्रमाण है। ऐसे घर में घूमते ही मन भारी हो जाता है। घर में लोगों का ताल मेल खराब रहता है। पैसा बीमारी में खर्च होता है। सारे अच्छे काम रुक जाते हैं और अच्छा काम करने पर भी अपयश मिलता है।

नकारात्मक ऊर्जा दूर करने के उपाय

1. घर में सूर्य के प्रकाश आने की व्यवस्था करें।
2. ढेर सारे खुशबूदार फूलों के पौधे लगाएँ।
3. हफ्ते में एक या दो दिन नमक मिलाकर पोछा लगाएँ।
4. अमावस्या को घर की सफाई करें और कूड़ा कबाड़ बाहर निकाले।
5. मंत्र जाप करें और तीन बार शंख बजाएँ।
6. गूगूल या चंदन की धूप जलाएँ।

7. एक लोटे या मग में साफ पानी रखकर उसके सामने बैठकर 108 बार गायत्री मंत्र का जाप करें और उसे पूरे घर में कोने–कोने में छिड़के ,सप्ताह में एक बार करने से पुरानी–से–पुरानी नकारात्मक ऊर्जा दूर हो जाएगी।

8. घर के ड्राइंग रूम या किचन में शीशा लगाएँ और रोज शाम इसके सामने मोमबत्ती जलाकर घर में खुशियाँ बनी रहने की प्रार्थना करें या कम–से–कम शनिवार को ज़रूर करें।

बुरी आदतों को सुधारने का उपाय

1. **आलस्य**– अगर मगंल और सूर्य कमज़ोर हो तो व्यक्ति की ऊर्जा भी कमज़ोर हो जाती है। ऐसे में व्यक्ति लापरवाह और आलसी हो जाता है। शरीर में अग्नि तत्व को मज़बूत करने से यह परेशानी दूर हो सकती है। इसके लिए सबसे अधिक उपयुक्त रत्न गार्नेट है, गाढ़े लाल या गाढ़े महरून कलर का पारदर्शी पत्थर होता है। लेकिन इसे पहनने के साथ व्यक्ति को खुद भी कोशिश करनी चाहिए कि मुझे आलस्य से निकलना है। इसको सोने या ताँबे में प्रातः दाहिने हाथ की अनामिका में रविवार को पहनना चाहिए, लबें समय के लिए अग्नि तत्व बढ़ता है और आलस्य में मुक्ति मिलती है।

2. **झूठ बोलना और गलत संगति**– इसके लिए काफी ग्रह जिम्मेदार होते हैं फिर भी चंद्रमा की कमज़ोरी और शनि की खराबी इसके लिए मुख्य रूप से जिम्मेदार होते हैं। इस आदत को छुड़ाने के लिए सबसे अधिक कारगार रत्न सोडालाइट है। यह नीले रंग का पत्थर है, जिस पर सफेद धारियाँ होती है। उसे चाँदी में बनवाकर बाएँ हाथ की मध्यमा उंगली में शनिवार की रात को धारण करें। इसे पहनने के बाद भी यदि आप झूठ बोलते हैं तो इसका रंग काला होता जाएगा और नहीं बोलने पर और सुंदर निला रंग का हो जाएगा।

3. **नशे की आदत**– नशे की आदत के पीछे आमतौर पर राहु और शनि होते हैं। अगर ऐसा रत्न धारण किया जाए जो दोनों को संतुलित कर दे तो लाभ हो सकता है। नशे की आदत छुड़ाने में सबसे अधिक प्रभावशाली मैलाकाइट होता है। इसके इस्तेमाल से शरीर पर विश का असर नहीं होता और नशे की आदत धीरे–धीरे छूट जाती है। यह हरे रंग का ऐसा पत्थर होता है जिस पर सफेद धारियाँ होती है। इसको चाँदी की अँगूठी में बाए हाथँ की कनिष्ठा (छोटी) अगुँली में बुधवार को पहनना चाहिए लेकिन इसे पहनने के साथ मन में भी नशा छोड़ने का प्रयास करें तो जल्द ही नशे से छुटकारा मिलेगा।

4. **क्रोध और खराब वाणी की आदत**– वाणी और स्वभाव पाप ग्रहों के प्रभाव से खराब होता है जबकि धैर्य और अच्छी वाणी बृहस्पति से मिलती है। अगर बृहस्पति के तत्व को शरीर में मज़बूत किया जाए तो वाणी और क्रोध दोनों ठीक हो सकते हैं। क्रोध और वाणी को ठीक रखने के लिए सबसे अच्छा रत्न सुनहला है, यह पीले रंग का पारदर्शी पत्थर है। इसका सोने या पीतल में दाहिनी हाथ में तर्जनी में बृहस्पतिवार को सुबह धारण करे।

पशु–पालन का ग्रहों से संबंध

हर पशु–पक्षी के अंदर एक विशेष तरह की तरंगे होती है जिससे उसका असर हमारे ऊपर पड़ता है। पशु–पक्षी के रंग और उसकी आदतों का भी हमारी सेहत और आर्थिक दशा पर असर पड़ता है। कभी–कभी हमारे जीवन पर यह असर बहुत अधिक होता है और कभी–कभी बहुत कम होता है। हम जितना ही पशु–पक्षी के पास रहेगे उनका प्रभाव हमारे ऊपर उतना ही अधिक रहेगा।

1. **कुत्ता–** कुत्ता सबसे अधिक बुद्धिमान, वफादार और दूरदर्शी प्राणी है। इसको भैरव की सवारी माना जाता है और इसका संबंध राहु–केतु या शनि से जोड़ा जाता है। कुत्ता पालने से मानसिक अवसाद दूर होता है, साथ ही आने वाली दुर्घटनाओं से रक्षा होती है। काला कुत्ता शनि, भूरा कुत्ता राहु और चितकबरा कुत्ता केतु का प्रतीक है। अगर कुंडली में केतु खराब हो तो कुत्ता न पाले वरना जीवन में संकट आ जाएगा या उतार चढ़ाव ज़्यादा आएगा लेकिन शनि खराब होने पर कुत्ता ज़रूर पालें। साढ़े–साती या ढैया में कुत्ता पालने से शनि का कोई असर आप पर नहीं होगा।

2. **गाय और भैंस–** दोनों ही पशु दुधारू है और बहुत ही मेहनती भी होते हैं। गाय के वंश को शिव जी की सवारी माना जाता है और भैस को यमराज की। गाय के अंदर समस्त देवी देवताओं का वास होता है और भैंस के अंदर महाकाल का वास है, गाय की नियमित सेवा से सभी ग्रह नियंत्रित होते हैं, भैंस की सेवा से आप पर आए संकट दूर होते हैं। जिनका जीवन में हर प्रकार की उन्नति चाहिए, उन्हें गाय का पालन और सेवा करनी चाहिए और जिनके जीवन में संघर्ष ज़्यादा है, उन्हें भैंस पालनी चाहिए अगर पालन संभव नहीं हो तो जहाँ यह हो, वहाँ जाकर उनकी सेवा करनी चाहिए।

3. **पक्षी–** पक्षियों का संबंध आपकी आर्थिक स्थिति और जीवन से होता है। अगर पक्षियों का व्यवसाय करते हैं तो आप पर ज़्यादा असर नहीं पड़ेगा। केवल मनोरंजन और प्रदर्शन के लिए पक्षियों को पालना शुभ

नहीं होता। इससे आर्थिक स्थिति खराब होती है, साथ ही पारिवारिक जीवन में मुश्किलें आ जाती है। पक्षियों को पालने से कर्ज बढ़ता है और हर शनिवार को अगर पक्षियों को कैद से आजाद करें तो आपको कर्ज से मुक्ति मिलेगी।

4. **मछली**– मछली का संबध जल यानी चंद्रमा और मानसिक स्थिति से होता है। मछली पालने से घर में सुख शांति और समृद्धि आती है, मछलियों को घर के पूर्व–उत्तर कोने में रखें। उनकी देखभाल में बहुत सावधानी रखनी चाहिए अन्यथा मछलियों के मरने से सेहत की परेशानियाँ हो सकती है। अगर मछलियाँ पालते ही मर जाए तो धन का बड़ा नुकसान हो सकता है। जिन्हें मानसिक अवसाद, तनाव या क्रोध की परेशानियाँ हो उन्हे मछली ज़रूर पालनी चाहिए। मछलियाँ जितने दिन जिएगी उतनी उनकी परेशानी दूर होती जाएगी।

❖ **घर में जंगली प्रकृति के पशु पक्षी न पाले इससे लेने के देने पड़ सकते हैं, पशु–पक्षियों की पूरी देखभाल करें, दुर्व्यवहार न करें वरना किस्मत भी आपके साथ वेसा ही व्यवहार करेगी।**

मकान के शुभ/अशुभ योग

❖ 'ऊँ जूं सः माम पालय पालय'– अमृत मृत्युंजय मंत्र

दुनिया में हर चीज़ में तरंगे पाई जाती है। मकान ज़मीन, कपड़ों तक में भी तरंगे होती है। तरंगे शुभता भी पैदा करती है और अशुभता भी। जब अशुभता ज़्यादा हो जाती है तो मकान–ज़मीन में रहने पर दिक्कत होती है। ऐसे मकान में रहने से कुंडली के शुभ योग भी काम करना बंद कर देते हैं। अशुभता कुंडली के माध्यम से भी जानी जा सकती है, मकान को शुभ या अशुभ बनाने वाले महत्त्वपूर्ण कारक–

1. **दिशा**– आमतौर पर पूर्व और उत्तर दिशा का मकान ज़्यादा शुभ माने जाते हैं पश्चिम और दक्षिण दिशा के मकान शुभ नहीं माने जाते। कोई दिशा शुभता या अशुभता नहीं प्रदान करती। कुछ सावधानी रखें तो हर दिशा शुभ फल प्रदान कर सकती है।

   (क) पूर्व दिशा का मकान है तो पूर्ण रूप से सात्विक रहे। अच्छे व्यवहार करना चाहिए। माँस, मदिरा का प्रयोग न करें।

   (ख) पश्चिम दिशा के मकान में लकड़ी का प्रयोग कम करें या लकड़ी के साथ लोहे का उपयोग ज़्यादा करें जैसे लकड़ी के गेट लगाए तो लोहे की चौखट लगवाएँ या प्लास्टिक का इस्तेमाल करें क्योंकि पश्चिम दिशा का स्वामी होता है शनि और लकड़ी से सूर्य प्रबल होता है इसलिए ज़्यादा इस्तेमाल लोहे का करना चाहिए।

   (ग) उत्तर दिशा के मकान में आग और बिजली के काम पर खास ध्यान दें। आग, पानी, चुल्हा आदि अच्छे किस्म के लगवाए। क्योंकि उत्तर दिशा अग्नि तत्व की दिशा है।

   (घ) दक्षिण दिशा के मकान में सीलन और गदंगी पर ध्यान दें।

2. **सूर्य की रोशनी**– अगर घर में सूर्य का प्रकाश नहीं आता तो इससे अशुभ कुछ नहीं हो सकता और इसका कोई तोड़ नहीं है। सूर्य का

प्रकाश नहीं आने से घर में अनावश्यक बीमारी पैदा होती है। ऐसे घर में बच्चों का स्वास्थ्य अच्छा नहीं रहता और घर में बच्चों का भविष्य और सेहत बिगड़ जाती है। ऐसे घर के व्यक्ति नशे और अवसाद का शिकार हो जाते हैं। सूर्य की रोशनी सिर्फ अंधकार को दूर नहीं करती बल्कि घर की नगेटीव एनर्जी और हर नकारात्मक चीज़ को दूर कर देती है। ऐसे घर में भय और नकारात्मक का अनुभव होता है।

अगर ऐसा है तो घर में शीशे की सहायता से घर में सूर्य की रोशनी का प्रबंध करें या थोड़ी तोड़–फोड़ करके इसका प्रबंध करें। चंद्रमा की रोशनी आना अच्छा है। ऐसे घर में रोज सुबह तीन बार शखं ज़रूर बजाए। इसके बाद 108 बार गायत्री मंत्र का बोल बोल कर जप जाप करें, जब तक घर में सूर्य की रोशनी का प्रबंध नहीं हो तब तक घर में लोहे का सामान कम–से–कम रखें और अगर इस उपाय के बाद भी घर में सूरज की रोशनी न आए तो घर बदल देना चाहिए।

3. **रंग**– अगर घर में रंगो का प्रयोग सही न हो तो घर की शुभता खराब हो जाएगी और किस्मत खराब हो जाएगी। रंगों का संतुलन ठीक न हो तो आपकी सोच खराब हो जाएगी। गाढ़े रंगों का प्रयोग करने से जीवन में संघर्श बढ़ता जाता है। भूरा, लाल और गाढ़ा हरा रंग नौकरी में समस्या पैदा करता है। भूरा रंग दरिद्रता की ओर ले जाता है। घर में हल्के और चमकदार रंगों का प्रयोग करें। छत का रंग हमेशा सफेद रखें तो अच्छा होगा। सफेद रंग और हल्का पीले रंग का प्रयोग करें। गलत रंग का प्रयोग हो चुका हो तो पहले सफेद रंग लगवाए फिर कोई दूसरा रंग लगाए। घर के मुख्य द्वार पर सफेद या क्रीम रंग का इस्तेमाल करें, दीवार और दरवाज़ों पर इन्हीं रंगों का इस्तेमाल करना चाहिए।

4. **अशुभ या मनहूस घर कैसे बनता है**– घर में अगर बुरे स्वभाव के सदस्य रहते हो तो घर अशुभता की ओर जाता रहेगा या बूरी आदत के लोग हो तो घर अशुभ हो जाता है। अगर घर में रहने वाले लोग एक–दूसरे के खिलाफ षडयंत्र करते हो तो वह घर भी अशुभ हो जाता है। घर में गलत तरीके से अर्जित धन का प्रयोग होता हो तो घर का

नाश हो जाता है। अगर घर में किसी की अप्राकृतिक मृत्यु हुई हो तो या लंबी बीमारी के बाद मृत्यु हुई तो घर अशुभ हो जाता है। ऐसे घर में धीरे–धीरे लक्ष्मी सो जाती है, दरिद्रता आनी शुरू हो जाती है। ऐसे में लोगों का रोजगार खराब होता जाता है नौकरी या कारोबार बंद हो जाता है। ऐसे घर में बच्चे बीमार रहने लगते हैं और उनमें अजीब आदत आने लगती है। ऐसे घर में अकेले रहने से डर लगता है।

- **भूत, प्रेत, तंत्र, मंत्र, जादू टोना सब शिवजी के अधीन है और शिव के भक्तों पर इसका कोई असर नहीं होता है। घर में गलत और बूरे काम न करें, गलत तरीके से पैसा न कमाएँ, आपस मे षडयंत्र न करें।**

- **अगर घर में किसी की मृत्यु हो गई हो तो पूरे घर की सफाई कराए और रंग बदलवाए और इसके बाद सुबह शाम भगवत गीता का पाठ करें, चाहे एक श्लोक ही पढ़े पर एक महीने तक सुबह शाम ऐसा करें।**

- **घर में कुछ रहस्यमयी है तो शिवजी की विधिव्रत पूजा करें। आशीर्वाद की मुद्रा में शिवजी या कृष्ण जी की स्थापना करें, घर में जाने से पहले रंग, तरंग और सूर्य की रोशनी की जाँच कर ले।**

अशुभता को दूर करने के छोटे उपाय

1. घर में प्रवेश करने से पहले उसमें रंग कराएँ। पहले सफेद रंग और बाद में दूसरा रंग लगाएँ।

2. घर में रहने से पहले शिवजी की स्थापना व दूध से अभिषेक कराएँ। घर में सुबह शाम शंख बजाएँ।

3. सुबह शाम गायत्री मत्रं का जाप करें।

4. यदि घर में एक से ज़्यादा अशुभता हो तो घर बदल दे।

घरेलू समस्या व वैवाहिक जीवन की समस्या के उपाय

❖ अगर बृहस्पति खराब हो और पेट और सेहत की समस्या सही नहीं हो रही हो तो हर बृहस्पतिवार को विष्णु सहस्त्रनाम का पाठ करें।

❖ जब पति-पत्नी की राशियों में मित्रता न हो या ग्रहमैत्री न हो या शत्रुता हो तो वाद-विवाद होता है। ऐसे मे शिवजी की उपासना करें, सफेद चीज़ का सोमवार को दान करें, सफेद फूल बेडरूम में लगाए या तस्वीर लगाए।

❖ विवाह हो जाता है पर दूर-दूर रहना पड़ता है-जब विवाह के बाद शनि या राहु की दशा आ जाती है, यह अक्सर कैरियर की वजह से होता है। पति-पत्नी नियमित मधुराष्टक का पाठ करें, शनिवार को दोनों को खासकर पत्नी पीपल के नीचे दिया जलाएँ, बेडरूम में उत्तर की दीवार पर पति-पत्नी की फोटो लगाइए।

❖ विवाह के बाद परिवार वालों के हस्तक्षेप की वजह से अगर पत्नी-पति में झगड़ा या दूर रहना पड़े.-जब चंद्रमा कमज़ोर हो तब ऐसा होता है और जिसका चंद्रमा कमज़ोर होता है उसके घरवाले हस्तक्षेप करते हैं और मंगल के कारण कभी-कभी कोर्ट केस या तलाक तक बात पहुँच जाती है। घर में ढेर सारे फूल और पौधे लगाएँ, रसोई और बेडरूम को साफ रखे, घर के मुख्य द्वार पर आम के पत्तों का वंदनवार लगाएँ, सूर्य की पर्याप्त रोशनी वाले घर में रहे।

❖ विवाह के बाद अगर दोनों की सेहत खराब रहने लगे- अगर एक की कुंडली में मांगलिक दोष हो, दूसरे में न हो, पत्नी का बृहस्पति कमज़ोर हो या दोनों की कुंडलियाँ, अलग-अलग तत्व की हो जैसे एक जल और दूसरा अग्नि तब सेहत से जुड़ी समस्या होने लगती है। ऐसे मे हर मंगलवार और शनिवार को

सुंदरकांड का पाठ करें। शिव और पार्वती की मूर्ति रखें और पूजा करें। पत्नी तुलसी के नीचे रोज दिया जलाएँ, रविवार को न करें।

❖ शक पैदा हो रहा हो तो- राहु खराब हो या चंद्रमा कमज़ोर हो तो ऐसा होता है। रोज सुबह 108 बार गायत्री मंत्र का जाप करें। जिसको शक ज़्यादा हो वह सात्विक भोजन करें और दूसरा रोज सुबह सूर्य देव के सामने शक दूर करने की प्रार्थना करें।

❖ हिंसा की नौबत- मंगल-शनि या राहु-सूर्य साथ हो तो होता है। कभी-कभी आत्महत्या की भी नौबत आ जाती है। पति-पत्नी एक साथ शिवजी का रुद्राभिषेक कराए। 'ऊँ नमः शिवाय' का जाप करें। लाल और काले वस्त्रों का उपयोग न करें।

❖ अगर घर में किसी की शादी नहीं हो रही हो तो पाँच कौड़ियाँ ले आए उसे पीले कपड़ें में बाँधकर घर में मुख्य द्वार पर एक तरफ बाँध दें।

नीच ग्रह

❖ **केतु अगर खराब हो तो केवड़ा जल डालकर स्नान करें, मूत्र विकार, पेट, पथरी आदि की समस्या से निजात मिलेगा।**

किसी ग्रह का विशेष राशि में पाया जाना उनको उच्च और नीच गृह बनाता है।

ग्रह जब नीच राशि में हो तो अशुभ प्रभाव देता है।

एक नीच ग्रह पूरी कुंडली का प्रभाव बदल देता है। हमेशा नीच ग्रह नुकसान नहीं करता। कभी–कभी बहुत फायदे भी करता है।

सूर्य– तुला राशि मे नीच का होता है– इससे आँखों की समस्या होती है और सेहत खराब होती हैं।

चंद्रमा– वृश्चिक राशि आठवे ग्रह में नीचे का होता है। यह मन को असंतुलित करता है। हार्मोन की समस्या होती है।

मंगल– कर्क राशि में नीच का होता है। क्रोधित बनाता है, संपत्ति बनाने में मुश्किल आती है, भाई–बहन में मन–मुटाव होता है।

बुध– मीन राशि में नीच का होता है, भ्रम पैदा करता है। आर्थिक रूप से हानि करता है।

बृहस्पति– मकर राशि में नीच का होता है, जीवन में स्थायित्व नहीं आने देता है।

शुक्र– कन्या राशि में नीच का होता है, व्यभिचार की तरफ ले जाता है।

शनि–मेष राशि में नीच का होता है, जीवन में दुर्घटना करता है

नीच गृह के लाभ

सूर्य– सूर्य अगर नीच का हो तो डॉक्टर बना देता है, मान–सम्मान देता है।

चंद्रमा – नीच का चंद्रमा आध्यात्मिक विकास करता है, यात्राओं में लाभ देता है।

मंगल– शल्य चिकित्सक (सर्जन) बनाता है। प्रशासन में लाभ दिलाता है, स्त्री पक्ष से लाभ दिलाता है।

बुध– नीच का बुध वाणी और चालाकी से खूब धन दिलाता है।

बृहस्पति– ईश्वर की और झुकाव बढ़ाता है, संतान सुख दिलाता है।

शुक्र– फिल्म मीडिया और ग्लैमर में सफलता दिलाता है।

शनि– उतार चढ़ाव को स्थिर करता है।

नीच ग्रहों के अशुभ प्रभावों को दूर करने के उपाय

सूर्य– रोज सुबह सूर्य को जल चढ़ाएँ,तांबे का कड़ा पहनें।

चंद्रमा– पूर्णिमा का व्रत करें, शिवजी की उपासना करें।

मंगल– नमक का सेवन कम करें, **प्रशासनिक सेवा के तैयारी करने वाले** बच्चों की मदद करें।

बुध– देर तक न सोए, विष्णु भगवान की उपासना करें।

ब्रहसपति– झूठ मत बोलो, मांस–मदिरा से दूर रहे, माता पिता के चरण स्पर्श करें।

शुक्र– चरित्र पर नियंत्रण रखें, हनुमान जी की उपासना करें।

शनि– वाहन चलाने में सावधानी रखें, योगाभ्यास करें, कृष्ण जी की उपासना करें।

- ❖ गंजेपन का इलाज– भैंस का कच्चा दूध में त्रिफला का पाउडर तीन चम्मच मिलाकर लगाएँ, रोज सुबह लगाकर ठंडे पानी से धोए, सप्ताह में दो बार करें।

- ❖ इंटरव्यू में शत–प्रतिशत सफलता के लिए सुबह भगवान को साबूत सुपारी और इलायची चढ़ाए और 108 बार गायत्री मंत्र का जप करें, घर से निकलते समय इलायची खाकर निकले और सुपारी को जेब में रख ले, सफलता की खबर मिलने के बाद सुपारी को बहते जल में प्रवाहित कर दे और तब तक उसे अपने पास रखें।

चंदन के प्रयोग

❖ **सूर्य कमज़ोर हो तो सुबह 7 बजे से पहले उठकर नहा-धोकर सूर्य के सामने बैठकर 'ऊँ आदित्याय नमः' का 108 बार जाप करें और पूर्व की ओर सर करके सोए।**

मुख्यतः लाल और सफेद चंदन हिंदू धर्म में अत्यंत पवित्र माना जाता है। शिवलिंग का अभिषेक भी चंदन से किया जाता है। भगवान विष्णु और उनके अवतारों के लिए सफेद चंदन और देवी की पूजा में लाल चंदन का प्रयोग होता है।

❖ तिलक- चंदन की लकड़ी पत्थर पर घिसकर भगवान को अनामिका से तिलक लगाए फिर अपने मस्तक, कंठ और नाभी पर लगाएँ। देवी को पैर पर लगाए और लाल चंदन का प्रयोग करें।

❖ मानसिक शांति या रोग की मुक्ति- चंदन का असली इत्र बाज़ार से लाएँ सुबह नहाकर दोनों कलाई पर लगाएँ, फिर ह्रदय के बीच में लगाएँ और घर में चंदन की धूपबती जलाएँ अचानक शांति महसूस होगी।

❖ राहू की समस्या- सफेद चंदन का छोटा-सा टुकड़ा लेकर इसे नीले कपड़े में बाँधकर ल०केट बनाकर लाल या नीले धागे में शनिवार को शाम को पहन ले। पीछे से कपड़ा थोड़ा-सा काट ले, जिससे ह्रदय में स्पर्श हो, इससे ग्रहों की शांति होती है और राहु भी।

❖ अगर बच्चा सोते समय डरता हो तो लाल चंदन का टुकड़ा बच्चे के सिरहाने, तकिये में या गद्दे के नीचे रख दे और हर छह महीने में इसे बदल दें।

सुख–दुख का कनेक्शन

- 'ॐ भं भैरवाय अनिश्ट निवारणाय स्वाहा'– भैरव मंत्र किसी भी प्रकार की ग्रह पीड़ा से बचने के लिए, इस मंत्र का सुबह शाम 108 बार जाप करने से कोई ग्रह परेशान नहीं कर सकता।

सुख मुख्य रूप से चंद्रमा और शुक्र पर निर्भर करता है।

- **सेहत का सुख– चंद्रमा और लग्न का स्वामी मज़बूत होना चाहिए। चंद्रमा खराब हो तो बृहस्पति मज़बूत होना चाहिए या केन्द्र में हो तो सेहत अच्छी रहती है। राहु के खराब होने पर सबसे ज़्यादा सेहत खराब होती है, वहम ज़्यादा होता है। शनि कोई भी असर लबें समय तक डालता है इसलिए अगर शनि की वजह से सेहत की समस्या है तो लंबे समय तक इलाज कराना पड़ता है।**

उपाय– सोमवार को उपवास रखें और शिवजी की आराधना करें। हर शनिवार को अन्न या भोजन का दान करें। कुंडली के स्वामी का रत्न पहने। एक महीने तक सिरहाने पानी में डूबाकर कुश–घास रखें।

- **कारोबार का सुख– रोजगार, नौकरी का सुख–शनि या बृहस्पति से संबंध रहता है। दोनों में से एक मज़बूत होना चाहिए। दोनों कमज़ोर होने पर नौकरी, कारोबार नहीं बन पाता है। शनि खराब होने पर नौकरी नहीं मिलती और बृहस्पति खराब होने से नौकरी या रोजगार के मौके ठुकराते रहते हैं।**

उपाय– लोहे का छल्ला मध्यमा उँगली में उल्टे हाथ में पहने, माथे या कंठ पर सफेद चंदन का तिलक लगाएँ।

- **वैवाहिक सुख– वैवाहिक सुख मुख्य रूप से ब्रहस्पति से संबंध रखता है। ब्रहस्पति कमजोर होने पर विवाह होने में मुश्किले आती है या हो जाए तो दाम्पत्य जीवन में मुश्किले आती है।**

उपाय– बृहस्पतिवार को घर में मुख्य द्वार पर दोनों तरफ हल्दी से स्वास्तिक बनाएँ। पति–पत्नी में सुख न हो तो हल्दी जल में डालकर, सूर्य को चढ़ाएँ। शुक्रवार को खीर बनाकर खाएँ अगर शादी के बाद वैवाहिक सुख न हो तो केले के पेड़ की जड़ को पीले धागे में बाँधकर गले में पहने।

❖ **धन–संपत्ति– बृहस्पति और शनि का महत्त्व होता है परंतु धन का वैभव शुक्र से संबंध रखता है। संपत्ति का सुख मगंल पर निर्भर होता है। नौ ग्रह में से कोई भी ग्रह ज़्यादा मज़बूत हो तो अपार धन देता है। सूर्य और राहु बाधा डालते हैं।**

उपाय– घर में चावल के ढेर में चाँदी का सिक्का रखें। चाँदी का स्वास्तिक मंदिर में रखें और तिलक करके धूपबत्ती करें। हर शनिवार को सुंदरकांड का पाठ करें। घर में जगह–जगह गणेश जी न रखें। घर में थोड़ा–सा हिस्सा कच्चा रखे या गमले में मिट्टी डालकर घर में रखें।

शहद का ज्योतिष और आयुर्वेदिक महत्त्व

शहद प्राकृतिक रूप से पाया जाने वाला चिपचिपा–सा मीठा पदार्थ है, इसे मधुमक्खियों द्वारा बनाया जाता है। शहद का प्रयोग आदिकाल से औषधि और धार्मिक कार्यों के लिए किया जाता है।

शरीर को शुद्ध करने की प्रक्रिया पंचकर्म में भी शहद का प्रयोग विशेष रूप से होता है। पूजा की सबसे महत्त्वपूर्ण चीज पंचामृत बिना शहद के नहीं बन सकती है।

ऐसा मानते हैं की देवी ने महिषासुर का वध करते समय बार–बार शहद का पान किया था।

ज्योतिष में शहद का संबंध बृहस्पति से होता है, कुछ हिस्सा सूर्य और मंगल का भी पाया जाता है। एक बार में बहुत अधिक शहद का प्रयोग नहीं करना चाहिए। शहद का प्रयोग जब भी करें जल के साथ ही करें।

सूर्य के नवोदत रहने तक शहद का सेवन सबसे अच्छा माना जाता है। शहद को गर्म करके नहीं खाना चाहिए।

शहद को माँस–मछली या तेल और गुड़ आदि गर्म चीज़ों के साथ प्रयोग नहीं करना चाहिए।

1. जिन लोगों की गर्म प्रकृति हो उन्हें भी शहद का सेवन नहीं करना चाहिए। पंचामृत में शहद डालकर ही पूजा में प्रयोग कर सकते हैं।
2. शहद से शिवजी का अभिषेक करने, शिवलिंग पर शहद लगाने से मंगल दोष समाप्त होता है और ऋण से मुक्ति मिलती है मगर शहद लगाने के बाद जल से स्नान ज़रूर कराना चाहिए।
3. देवी को शहद अर्पित करने से शत्रु और विरोधी शांति होगें।
4. शरीर पर शहद लगाकर स्नान करने से त्वचा संबंधी परेशानियाँ दूर होती है।

5. गुनगुना पानी के साथ शहद लेने से मोटापा दूर होता है, ठंडा पानी से लेने से मोटापा बढ़ता है, तुलसी अदरक के साथ शहद का प्रयोग करने से गले और ठंड संबंधी परेशानियाँ दूर हो सकती है।

6. अगर नियमित रूप से उपवास रखा जाए और उसमे शहद प्रयोग किया जाए तो शरीर से विष दूर हो जाता है। गुनगुने पानी में मिलाकर रख दे व दिन भर इसे इस्तेमाल करें।

7. अगर कुंडली में मंगल परेशानी दे तो शहद न खाए, हर मंगलवार को शिवलिंग पर शहद अर्पित करें।

8. अगर बृहस्पति बूरे परिणाम दे रहा हो तो शहद को सोने या पीतल के पात्र में रखकर खाएँ।

9. अगर पति–पत्नी में तालमेल अच्छा नहीं हो तो काँच की बोतल में शहद भरकर सिरहाने की तरफ रख ले।

10. अगर किसी व्यक्ति को सही रास्ते पर लाना हो तो काँच की शीशी में शहद भरकर शनिवार को ज़मीन में दबाकर उस व्यक्ति का नाम लेकर सही रास्ते पर लाने की प्रार्थना करें।

- ❖ **अगर आपका घर किराए पर नहीं उठ पा रहा हो तो एक मुट्ठी पीली सरसों लेकर इसे पीले कपड़े में बाँधकर उसे घर में दिन के समय किसी कोने में रख दे और शीघ्र काम होने की प्रार्थना करें, आपका काम एक माह के अंदर हो जाएगा और काम हो जाने के बाद उसे जल में प्रवाहित कर दे।**

बच्चें के जन्म का शुभ–अशुभ योग

कुछ विशेष नक्षत्र में बच्चों के जन्म लेने पर मानते हैं कि बच्चा अशुभ योग में है। विशेष रूप से मूल नक्षत्र में ऐसा माना जाता है। मानते हैं कि यह अशुभ योग में जन्म लेने पर बच्चा जीवन में उन्नति नहीं कर पाता। माना जाता है की माता या पिता में से किसी एक के जीवन के लिए खतरा होता है। यह भी माना जाता है कि अशुभ जन्म योग में बच्चों के जन्म लेने से घर की धन संपत्ति नष्ट हो जाती है।

अशुभ जन्म योग जैसा कुछ होता ही नहीं है। अगर बच्चा मूल नक्षत्र या किसी अशुभ योग में पैदा हो तो बच्चा अशुभ नहीं होता, वह योग अशुभ होता है, जिसका उपाय करना चाहिए।

अगर बच्चे का जन्म मूल नक्षत्र में हुआ हो तो उसकी सेहत के लिए यह उत्तम नहीं होता है। खास तौर से उम्र के 8 साल तक सेहत की परेशानियाँ होती है। ऐसी दशा में 27 दिनों के बाद जब वही नक्षत्र आए तो उसकी शांति करनी चाहिए। 8 वर्ष की आयु तक इसकी शांति करा देना चाहिए। इसके बाद इसका बहुत प्रभाव नहीं रहता है।

अगर किसी बच्चे की कुंडली में सूर्य और शनि का योग बना हो तो ऐसा होने पर पिता और पुत्र के संबंध अच्छे नहीं होते, कभी–कभी दोनों में से कोई एक ही उन्नति कर पाता है। ऐसी दशा में पिता को नियमित रूप से सूर्य को जल चढ़ाना चाहिए। साथ ही हर शनिवार को पीपल के नीचे सरसों के तेल का एक मुखी दीपक जलाना चाहिए और संतान के ठीक रहने की प्रार्थना करें।

अगर बच्चों की कुंडली में चंद्रमा ज़्यादा कमज़ोर हो तो ऐसे में बच्चे और उसकी माँ की सेहत कमज़ोर होती है, अक्सर ऐसे बच्चे बचपन में सर्दी–जुकाम से पीड़ित होते हैं। ऐसे में माता को रोज सुबह **'ऊँ नमः शिवाय'** का 108 बार जाप करना चाहिए और पूर्णिमा का उपवास भी रखना चाहिए। अगर किसी बच्चे के जन्म में कुंडली में मंगल की स्थिति अच्छी नहीं तो ऐसा होने पर बच्चे के परिवार में संपत्ति कम होने

लगती है, बच्चे को अधिक चोट लगती है। ऐसी दशा में हर मंगलवार को सुंदरकांड का पाठ करना चाहिए और मंगलवार को हनुमान जी का दर्शन ज़रूर करें।

- **अगर बच्चे को रोज सर्दी–जुकाम रहता हो तो रोज रात को काँच के गिलास में थोड़ा–सा साफ पानी लेकर इसमें दो पत्ते तुलसी के डालें और ढक दे, सुबह यही पानी खाली पेट बच्चे को पीने के लिए दे, बच्चे की सेहत अच्छी रहेगी।**

ज्योतिष में धोखा खाने का कारण

- **ई क्षं मं औं अं– इसे भगवान शिव का मलू मंत्र या बिजाक्षर मंत्र कहा जाता है, जब बात किस्मत से ऊपर निकल जाए, अगर किसी समस्या का कोई उपाय ही न हो तो इस मंत्र का सहारा ले, जो किस्मत में नहीं लिखा हो वह भी मिलेगा। रोज सुबह रुद्राक्ष की तीन माला जपे।**

भरोसा तोड़ने या धोखे के लिए चार ग्रह जिम्मेदार हैं चंद्रमा, बुध, शनि और राहु। दूसरे ग्रह भी धोखे में अहम भूमिका निभाते हैं पर मुख्य रूप से यह चार ही जिम्मेदार होते हैं। जल तत्व की राशियों को सबसे ज़्यादा धोखा मिलता है– कर्क, वृश्चिक, मीन राशि। पृथ्वी तत्व की राशियाँ सबसे ज़्यादा धोखा देती है– वृष, कन्या, मकर। हर व्यक्ति को धोखा अलग–अलग क्षेत्र में मिलता है।

1. **कारोबार/व्यापार में धोखा–** कुंडली में सप्तम भाव कमज़ोर हो तो कारोबार में धोखा होता है। अगर अष्टम भाव में पाप ग्रह शनि, राहु, केतु, मंगल हो तो भी धोखा हो जाता है। अगर राहु का प्रभाव सूर्य या चंद्रमा पर हो तो भी कारोबार में धोखा होता है, जैसे सूर्य–राहु या चंद्रमा का योग। ऐसे में कारोबार अकेले ही करना चाहिए। बुध के कमज़ोर होने पर भी धोखे की संभावना ज़्यादा होती है क्योंकि वह व्यक्ति समझ ही नहीं पाता। कुंडली में केन्द्र स्थान खाली हो तो भी धोखा होता है।

उपाय–

- साझेदारी में कभी भी व्यवसाय नहीं करें।
- व्यवसाय का लेन देन मगंलवार और बुधवार को न करें।
- भगवान गणेश जी की मूर्ति या चित्र दुकान या ऑफिस में लगाएँ और नित्य प्रातः दुर्वा अर्पित करें।
- गोमेद या लहसुनिया नहीं पहने।
- ज्योतिष को कुंडली दिखाकर जो ठीक हो, पन्ना या मोती में से एक पहने।

2. **धन/संपत्ति का धोखा–** अगर कुंडली में मंगल या शुक्र कमज़ोर हो तो धन संपत्ति में धोखा मिलता है। अगर छठे भाव का स्वामी कमज़ोर हो तो भी धोखा मिलता है, अगर राहु, दूसरे चौथे, सातवें, दसवें या बारहवें भाव में हो तो भी धोखे की संभावना होती है,अगर कुंडली में शनि की साढ़ेसाती या ढैया उतर रही हो तो भी धोखा मिलता है। जब कुंडली में राहु की महादशा में गुरु की अंतर दशा या गुरु की महादशा में राहु की अंतर दशा हो तो भी धोखा हो सकता है।

उपाय–

- धन और संपत्ति के लेने–देने में सावधानी रखें।
- हर शनिवार को कुछ–न–कुछ धन का दान करें। अगर धन संपत्ति का धोखा होने वाला लग रहा है तो **श्री सुक्तम** का पाठ करें।
- स्फटिक की माला शुक्रवार को गुलाब जल से धोकर गले में धारण करें।
- अगर धन डूबता जा रहा हो तो हर मंगलवार को एक पान के पत्ते पर दो लौंग रख कर माँ काली को अर्पण करें।

3. **प्रेम का धोखा–** शुक्र के साथ सूर्य या मंगल का संबंध हो तो, लग्न या सप्तम भाव में राहु हो तो भी प्रेम में धोखा हो जाता है। धारणाएँ टूट जाती हैं। चंद्रमा कमज़ोर हो तो भी प्रेम में धोखा मिलता है। कर्क, तुला, कुंभ वालों को प्रेम में जल्दी धोखा मिलता है। अगर सप्तम भाव में चंद्रमा या बृहस्पति हो तो विवाह में धोखा होता है। बृहस्पति खराब हो तो विवाह में भी धोखा मिलता है। पति–पत्नी के ग्रहो में ग्रहमैत्री न हो या शत्रुता हो तो भी विवाह में धोखा होता है।

उपाय–

- बहुत ज़्यादा अपेक्षाएँ नहीं पालें।
- काले और भूरे रंग का प्रयोग कम–से–कम करें।
- राधा–कृष्ण को रोज सुबह एक गुलाबी फूल चढ़ाएँ।
- रोज सुबह मधुराष्टक का पाठ करें।

- एक अमेरिकन डायमंड छोटी अंगुली में धारण करें।
- विवाह में धोखे से बचने के लिए पति–पत्नी संयुक्त रूप से शुक्रवार को देवी के मंदिर जाएँ।
- धोखे के योग हो तो हीरा कभी न पहने।
- एक सोने या पीतल का छल्ला पहली अँगुली में धारण करें।
- शिव परिवार की स्थापना करें और **'ऊँ उमा महेश्वराभ्याम नमः'** का सुबह 108 बार जाप करें।

4. **दोस्ती का धोखा–** अगर कुंडली में चंद्रमा या शुक्र खराब हो तो धोखे की संभावना ज्यादा होती है, अगर बुध खराब होगा तो दोस्ती स्वार्थ के लिए की जाती है। स्वार्थ पूर्ति के बाद दोस्ती खत्म हो जाती है। कुंडली में बृहस्पति मज़बूत हो तो लोग जानबूझकर धोखा खाते हैं। मेष, सिंह, और धनु राशि वाले दोस्ती में हमेशा सावधानी बरते।

उपाय–

- रोज सुबह सूर्य को जल चढ़ाएँ।
- भगवान कृष्ण को पीले फूल अर्पण करें।
- लोहे का छल्ला बाएँ हाथ की बीच की उँगली में धारण करें।
- कम–से–कम रोज प्रातः गीता का एक श्लोक पाठ करें।
- किसी ज्योतिषी से सलाह लेकर गार्नेट भी पहन सकते है

ज्योतिष और वास्तु के कुछ महत्वपूर्ण उपाय

- पुराना विवाद या मुकदमा सुलझाना हो तो रोज सुबह रामचरितमानस के उत्तरकांड में शिवजी द्वारा की गई राम स्तुति का पाठ करें।

- लौंग और कालीमिर्च (शनि का रूप): लौंग तेल में डालकर दिया जलाने से घर की नकारात्मक ऊर्जा दूर होती है, नजर नहीं लगती। लौंग खाने से कफ की समस्या दूर होती है और शरीर की नकारात्मक ऊर्जा दूर होती है। दिया जलाने से घर या घरवालों पर नजर नहीं लगती।

- हींग बुध से संबंध रखती है।– हींग का छोंक लगाने से पेट की समस्या दूर होती है और गुस्सा खत्म होता है। पानी में हींग मिलाकर दोपहर में पीने से पेट और गैस से निजात मिलता है।

- जीरा राहू से संबंध रखता है।– दही में नमक और जीरे का छोंक लगाकर दोपहर को खाने से जीवन में सेहत, धन, रिश्तों मे उतार–चढ़ाव से राहत मिलती है या शनिवार को जीरा दान करें।

- तेजपत्ता– तेजपत्ते का छोकं लगाने से घर मे नकरात्मक ऊर्जा दूर होती है। नियमित रुप से **गोबर** के उपले जलाकर उसमें तेजपत्ते डालकर घर में धुआँ करने से भूत–प्रेत जैसी समस्या दूर हो जाती है।

- हल्दी बृहस्पति से संबंध रखती है– हल्दी पानी में मिलाकर सूर्य को चढ़ाने से अविवाहित स्त्रियों का विवाह होता है और विवाहितों के गृहस्थ जीवन में रिश्तों की समस्या खत्म होती है।

- लाल मिर्च सूर्य और मंगल से संबंध रखती है।– लाल मिर्च संतुलित रुप से खाने से यश की प्राप्ति होती है। जल में लाल मिर्च के दाने डालकर सूर्य को चढ़ाने से यथाशीघ्र कर्ज से मुक्ति मिलती है और फँसें हुए पैसे वापस मिल जाते हैं।

- कच्ची हल्दी को धागे में बांधकर गले मे पहनने से बृहस्पति मज़बूत होता है और धन की समस्या खत्म होती है।

- अगर कोई व्यक्ति अज्ञात या लापता हो जाता है और उसकी कोई सूचना नहीं मिल रही हो तो उसकी साफ फोटो मंदिर में रखकर, सरसो के तेल का दिया जलाकर, उसके वापस आने की प्रार्थना करने से 15 दिनो में सूचना मिलती है।

- मनी मंत्र– ड्राइंग रुम में ज़्यादा–से–ज़्यादा रंग–बिरंगे फूल लगाए। अगर फूल नकली हो तो साफ–सुथरा रखे और अगर असली हो तो सूखते ही बदल दे।

- कभी भी घर में दूधदार या काटे वाले पौधे न लगाएँ, इससे घर में सेहत संबंधी परेशानी या कलह होगी। इस की जगह पर तुलसी का पौधा ज़रूर लगाएँ।

- सुबह उठकर सबसे पहले दुर्गा–दुर्गा कहे, पहले बायाँ पैर नीचे रखें, पूरा दिन मंगलय में होगा।

- शनिवार को हनुमान जी के दर्शन करें, उनके चरणों में दोनों हाथों से सिंदूर लगाएँ इससे आपके ऊपर शनि की साढ़ेसाती या ढैया का असर नहीं होगा। महिलाओं को चरणों में लाल फूल चढ़ाने चाहिए इससे उन्हें समान फल मिलेगा।

- अगर परिवार में रिश्ते बिगड़ रहे हैं तो परिवार में जितने लोग हो उतनी साबूत सुपरियाँ और एक मिट्टी की हांडी भी ले और हर सदस्य के नाम से एक–एक सुपारी उस हांडी में डालते जाए। उसके बाद प्रार्थना करें कि सभी सदस्यों के बीच रिश्ते ठीक हो जाए, सुपारी सहित हांडी को बहते पानी में बहाएँ। धीरे–धीरे रिश्ते ठीक होने शुरू हो जाएँगे।

- कत्थे का सुखा टुकड़ा लेकर जमीन पर तीन सीधी लकीर खींचकर और जय बजरंगबली बोलते हुए अपने पैरों से उन रेखाओं को मिटा दें। कोई भी एक कर्जा जो आप नहीं चुका पा रहे हो चुका पाओगे तीन मंगलवार करने से मुक्ति मिलेगी।

- अगर कुंडली में मंगल कमज़ोर हो तो नियमित रूप से ज़मीन पर सोना शुरू कर दे।